选择相信

在心理实验中发现教育解困的密码

刘历红 编著

中国轻工业出版社

图书在版编目（CIP）数据

选择相信：在心理实验中发现教育解困的密码 / 刘历红编著．—北京：中国轻工业出版社，2022.6

ISBN 978-7-5184-3757-3

Ⅰ．①选… Ⅱ．①刘… Ⅲ．①教育心理学—通俗读物 Ⅳ．①G44-49

中国版本图书馆 CIP 数据核字（2021）第 245875 号

责任编辑：刘忠波　　责任终审：李建华　　整体设计：锋尚设计
策划编辑：刘忠波　　责任校对：晋　洁　　责任监印：张　可

出版发行：中国轻工业出版社（北京东长安街6号，邮编：100740）
印　　刷：三河市万龙印装有限公司
经　　销：各地新华书店
版　　次：2022年6月第1版第2次印刷
开　　本：700×1000　1/16　印张：12.75
字　　数：250千字
书　　号：ISBN 978-7-5184-3757-3　定价：49.80元
邮购电话：010-65241695
发行电话：010-85119835　传真：85113293
网　　址：http://www.chlip.com.cn
Email：club@chlip.com.cn
如发现图书残缺请与我社邮购联系调换
220653Y1C102ZBW

序一

刘历红博士给我寄来她将要出版问世的书稿《选择相信：在心理实验中发现教育解困的密码》。其意是要我为她的这本专著写一篇序，我收到这本书稿后，首先对书名很感兴趣，先后读了两遍，继而面对这本书的充实、生动的内容和通畅流利的文字内心充满喜悦，不禁为之浮想联翩。思考再三，决定写下下面这些文字，以向历红交卷。并作为为她写了这本用心之作的庆贺之忱。

教育是什么？

对于这个问题，我以为我们可以有层次，分两步来说明和回答，而对它的第一步亦即首要认识应是：它是一种社会现象。

把教育看作一种社会现象，这是从社会角度着眼，从教育的总体上说的。就是说，教育只存在于人类社会之中，社会之外并没有什么教育。教育为人类所特有，为社会所需要，并为社会所制约。把教育作为一种社会现象来认识和研究，具有越来越重要的意义。我们看到，随着社会的向前发展，教育日新月异地发展，使社会的经济、政治、文化领域都相应地发生了不同程度的变化，并在一定程度上改变了世界的面貌。

但是，我们对什么是教育的认识和回答，不能停留在这样一个层次的水平上。因为假如这样，那就太失之于空泛和笼统了。因为所谓社会现象，是相对于自然现象来说的。它包罗万象，举凡为人类所创造，为社会所独立的客观存在而非自然的生成物都可称作社会现象。所以，对什么是教育这个问题做这样的回答和认识就不够了，还须在这个基础上对教育这种社会现象做进一步的分析和认识，以便把它和别的社会现象如政治、经济、语言、文化等区别开来，才能弄清它存在的性质、现象和本质。于是，这就需要对之做第二步的解析工作，指出它的主要特点来。

那么，教育区别于其他社会现象的主要特点在哪里呢？主要就在于它是一种以人为对象的活动，教育作用于人的是社会知识文化，是人类的精神财富，而其结果是造就人、发展人。所以，教育活动是一种文化活动，是一种属于精神领域、知识领域的活动。如此，教育活动这种社会现象就集中地表现为人的认识现象和心理现象。

这就是我们对什么是教育在性质上所做的分析和总体认识。教育是一种社会现象，又是一种认识现象和心理现象，便是对这个问题所做的根本回答。

教育作为一种社会现象，它在性质上告诉人们，如果不从总体上把握教育这样一种社会现象，而局限于从具体教育活动、教育过程方面来认识这种认识现象和心理现象，就不可能准确把握教育学的性质，就会给教育学研究带来片面性、盲目性，陷入形而上学的境地。

把教育作为一种认识现象、心理现象来研究，就要承认教育发展的内在逻辑相对独立性。教育实践成为独立的实践活动，教育实践和教育理论之间的矛盾运动，不同学科之间的相互渗透和相互作用，教育传统的继承和教育改革的交替是教育发展的内在动力。可以说，教育这艘船有两台发动机，一台在社会，另一台在教育内部。教育因素这台发动机既可以从外面推动教育之船前进，又可提高内部发动机的效率和作用。

确认教育是一种社会现象，又是一种认识现象、心理现象。首先，有助于明确教育学的发展方向。由于对教育的社会的、认识的、心理的特点有较充分的认识，无疑会使教育学从囿于一隅的条条框框里解放出来，使教育学的容量得到了合理的扩充，从而使教育研究工作者认识到必须更多地利用社会科学、思辨科学、自然科学的某些成就去发展教育科学。与此同时，也会认识到教育科学对社会科学、人文科学和思维科学也应该做出自己的贡献。打破长期以来故步自封、自我封闭的局面，进而认识到未来的教育工作者应当努力用社会科学、思维科学、自然科学等方面的新成就把自己武装起来。

其次，有助于教育科学的正确建立。教育学是一种客观存在，从教育学既是社会现象，又是认识现象、心理现象这个特点出发，对教育学的研究就需要紧紧把握住社会整体和社会个体这两个基本的方面，并在此基础上建立起完整的教育学体系。

根据以上分析和说明，我们认为，教育学并不是单纯的社会科学，它是一种二重性科学，或叫跨界性科学。科学可分为两大类，即自然科学和社会科学，许多科学既有自然科学性质，又有社会科学性质，我以为教育学就是一种横跨自然科学和社会科学，即具有这样一种二重性的科学。

把教育作为一门科学来对待和研究，其根本意义是在探求隐藏在教育背后的客观规律。应当肯定，教育规律是客观存在的，但更要认识到，对这个规律的认识和把握是尤其困难的，特别是对人的教育活动和教育过程中更是如此。个别差异和普遍性、共同性都同时存在。因为，一个人生来无“知”，但生来有“欲”，“欲”比“知”更内在、更深刻。人的行为不仅受理性支配，而且受情绪、愿望、兴趣、意志、个性、本能的支配。这些非理性的因素处在意识的更深层，是人类行为的原动力。认识外部世界依靠理性，而认识内心世界（把握人自身），却离不开体悟、体验和直觉。中国传统哲学侧重于“向内用力”，因而从总体表现出非逻辑主义的倾向。因此，从根本上说，教育的过程，不仅是科学的过程，还是一个人文的过程，或者说，是一个文化的过程。把教育尤其是道德教育只当作一种科学，应该说是教育观念上的一个误区。科学从广义上说，是主观对于客观的符合。它与“真理”构成一对作用关系；从狭义上说，科学强调的是主客二元对立，强调对象性、客观性。可见，说教育是一门科学，其隐含的意义是说教育作为一门学问，追求的是教育的真理。但如果对它进行狭义的理解，又必须把教育的客体对象化或者把主客体都对象化，从而使科学成为可能。然而，科学只是达到真理的途径之一。对于人来说，教育不只具有科学的本质，更重要的具有人文的属性，教育同时又必须遵循文化的逻辑。如果说，科学需要的是对象化的主客体的对立，人文需要的就是主体对客体的投入和二者的一体化。作为教育的主客体的人，当然有其生理和心理的基础。但是从根本上说，人不只是生物性的存在，而且是文化的存在物，人之所以成为人，主要是由文化所塑造的。因此，教育作为一门“科学”，其基础的理念是把“人”作为生物性的存在；而作为一种“人文”，则是把“人”作为文化的存在物。科学与人文构成教育的双重本质，科学过程与人文过程的统一，才构成健全的教育过程。

我前面说到，当这本书的书名跃入我的眼眸的那一刻，我就感到了振奋。“选择相信”，在今天人们相处的关系中（包括师生关系）是多么弥足珍贵的选择。“在心理实验中发现教育解困的密码”，这又是一项多么有意义而又十分艰巨的教育科学研究课题。而刘历红不仅坚毅地置身于这项最前沿的研究阵地，并且也已经取得了可喜的成绩。不仅如此，她还告诉我不只写了这本书，而且计划每年要写一本，直到写出六本书来。这又是一个多么令人感到振奋的宏伟蓝图。刘历红，曾是就读于西北师范大学教育学院的一名教育博士生，在我的记忆中，正如她自己说的，学业的起点并不高，有关基础也不够好，但她并不为此气馁，而是志存高远，自强不息，她在学习期间的刻苦、认真、执着，谦虚求知求教的精神是最为显著和极为突出的。正是在她身上，使我看到始终燃烧着永远引导她不断进步和向上发展的精神火焰，这也使我想到，今天她取得的成绩并非偶然。这也就是我在前文中所提到看到她的书稿后产生的一些联翩浮想和絮絮叨叨地写下这篇文字的原因所在。

另外，在这里我还想再说几句有关的话题。

关于人和社会的关系问题，我读到过这样一段话，他说：“关于人和社会的关系，我最近悟出这样一个道理：原子是物理物质的最小单位，物质的全部秘密都潜藏在原子里面，可只有到20世纪，把原子研究透了，人类才真正懂得物质。细胞是生物的最小单位，生命的全部秘密都潜藏在细胞里面，只有到20世纪把细胞——特别是细胞染色体里面的生物遗传基因（DNA）研究透了，人类才真正懂得生命。同理，人是社会的最小单位，是社会的原子，是社会的细胞，社会的全部秘密都潜藏在人身上。只有未来把人研究透了，把人性研究透了，把人心研究透了，把文化研究透了，并且用人、人性、人心和人心生产出来的文化来解释社会和历史，人类才真正懂得自己所处的社会以及自己开创的历史。我相信，这是一个非常重要的道理。”我也认为这个人说的这段话很有道理，所以，我把它引述在了这里。

总之，“以人为本”在我看来，对我们这些从事教育研究的人来说，是个至关重要的问题。因为正如我上面曾经提到的，教育是以人为本和以人为对象的。国外有的教育家甚至认为，教育的概念和人的概念是统一的。提出“教育是什么”的问题，就等于问“人是什么”。所以我主张，为了从一切方面来教育人，必须从一切方面来了解人。“人”应当成为我们一切工作的出发点和归宿；一切为了人，一切为了人的幸福，也为了实现自己的人生理想。相信已经走在这条康庄大道上的历红，她今后会走得更好更远。

胡德海
西北师范大学教授
2021年6月15日
兰州

序二：智慧的选择 有益的探索

《选择相信：在心理实验中发现教育解困的密码》是刘历红30多年来教育实践中积累的智慧的升华，正如她自己所说“我喜欢挑战，因为挑战能带来更多新异体验，激发出更大的潜在能量。”

每个生命体从出生到成人，均要经历从生物的人到社会的人进而再发展成社会有用之人，也就是个体成长从他律到自律的发展过程。在发展过程中，每个个体都会出现这样那样的问题，均需要教育者按照个体成长的规律和教育的规律进行引导并帮助解决成长中的困惑，促进个体身心平衡健康成长。

父母和老师要帮助孩子解决成长中的问题，首先要了解每个孩子成长中发生的是什么问题？又为什么？如何解决？刘历红所著《选择相信：在心理实验中发现教育解困的密码》会给我们有益的启示。因为这本著作的特点是从刘历红30多年教育生涯中经历的故事引发，并用心理学的实验加以解释，正如本著作的副标题——在心理实验中发现教育解困的密码。如书中第7个故事《观察学习：榜样作用》从一名少年犯的悲剧开始，再联系到心理学故事和实验，再运用心理实验发现，分析教育中的问题，最后运用观察（榜样）学习的策略和建议，对父母的榜样示范作用的挖掘和运用提出了三条操作性很强的具体建议。所以，这本著作不仅具有科学性，更有很具体的操作上的建议，即具有极强的实用性。

刘历红能运用心理学的有关实验来解释和解决孩子成长中的问题，这是一种非常有益的探索，这也形成了本著作所具有的很明显的个性，即具有自身的特色。刘历红这种热爱生活，善于学习，勇于挑战的精神也值得我学习。

张梅玲

中国科学院心理研究所 研究员

2021年5月26日

北京

自序

搭建理论与实践互动之桥

为何写这本书?

从1989年尚不满18岁的我成为一名小学体育教师到2016年博士毕业后创业并担任中学副校长至今，转眼已过去了30多年。在长期的课堂教学、教师培训和家长辅导中，我发现，无论是老师、家长、孩子，还是身边的朋友，大家可能不喜欢概念性的思辨分析，但对心理学实验的故事却无不好奇乐闻。于是我想，若能通过讲心理实验故事，普及心理学知识，帮大家解决教学、学习、生活中的问题，定会起到事半功倍的效果。这便是写作本书的个人想法。

当然，写作本书，既是在帮大家，更是在帮自己，因为我在工作中，也面临着双重转化的困境。

一重是实践向学术转化的困境。具体来讲，就是把教学改革与探索的实践经验，提炼成规律性的方法论，用理论的话语表达出来，以论文、报告或著作形式发出声音，彰显学术创新和实践价值。这种转化，既要有理论功力，又要有学术创新，还要求规范严谨。也就是既要说清楚“是什么”，还要讲明白“为什么”，并能够指出“怎么办”。从教30多年，尤其是近10年来，尽管我一直很努力，但至今依然在学术转化的路上步履蹒跚，且前路漫漫。因此，学术转化对我来说，过去、现在与未来，都是需要长期面对的高难挑战。

另一重则是理论向实践转化的困境。尽管，我从小练体育，没上完初三、没上过高中，没经历过中考、高考，1989年小中专（河南省体校）毕业后，做了9年小学专职体育教师，后来又兼任少先队大队辅导员等。和很多中小学教师相比，我的起点很低。也许正是系统教育的缺失，使我对学习产生了补偿心理，向往之心无一日不高擎。自中专毕业后，我坚持业余学习，从大专一路读到博士。特别是4年读博期间的学术训练，使我掌握了大量抽象的概念和学术话语，养成了努力辨析概念、精准表达的习惯。这样一来，在与中小学老师和学生及家长交流对话时，难免曲高和寡，让人如坠雾里，犯了毛主席批评的“言必称希腊”的毛病，成了满口“之乎者也”的孔乙己，甚至给人以掉书袋子、卖弄学问的印象，想来令人生厌。

变“高大上”为“接地气”的好办法，就是把抽象的概念转化成通俗的故事和案例，娓娓道来。这样，能让理论变得生动、鲜活和有趣，并增强理论的感性色彩，提高理论的温度，使之更有吸引力和说服力。银川三沙源上游学校（以下简称上游学校）初中化学陈桂玲老师，在接受我访谈时笑道，理论虽好，但是就像核桃壳，太硬了，咬不到肉。这个比喻太妙了，一语道出了学院派理论的尴尬处境。仔细想想，我们要的究竟是核桃的壳，还是仁？就理论而言，我们要的是它的形式还是功用？为什么要用精致的外壳把理论包装得那么坚硬呢？

如果我们能砸掉理论的硬壳，让理论裸奔于人前，以香诱人，甚至研磨成浆，做到“理香”下士，主动接近老师，老师们自然会消除对理论的畏惧，渐渐接受理论，信任理论，进而主动亲近理论。当老师们愿意以研究的意识和方法，解决教育教学中的实际问题时，就会逐步走上研究的道路，成为教学改革的推动者，成为学术型教师，成为创生理论的生力军。这一重转化，对我而言更为迫切，也更富有挑战性。

我喜欢挑战！因为，挑战能带来更多的新异体验，激发出更大的潜在能量，邂逅更好的自我与他人，让工作更有质量，让生活更加多彩，让生命更富意义。

自觉积极地架设理论与实践相互转化的桥梁是解决双重困境的根本途径。理论与实践的双向转化，能彼此促进，相得益彰。吃透了理论才能深入浅出，用浅显的语言把道理讲清楚；创造性实践可以生成理论，从而有效解决实际问题。

在某种意义上，本书是在尝试搭建理论与实践双向转化、互动促进的桥梁。一方面，通过心理实验故事，把心理学理论讲得通俗易懂，便于操作应用；另一方面，运用心理学理论分析教学故事，为解决教育问题提供有效的方法，没准读者还能从中悟到新知，举一反三。

我是个经常有很多想法的人，这次促使我在诸多想法中，率先把写这本书摆上日程，而且乐意牺牲休息时间，积极行动，落笔成文的重要动因，更多的是来自现实的多重需求。一方面，我所在的学校，上游学校，在推进改革中，既需要持续转变教职工的育人理念，又需要帮助大家掌握更多科学的思维方式与学习策略；另一方面，在生活、工作尤其是接待师生及家长求助时，面对因和学生发生冲突常“练气功”的老师，面对因孩子摔门而去而泪流满面的家长，面对因老师、家长不理解而苦恼乃至抑郁的孩子……我常想，如果大家都能掌握一些心理学知识，是不是就能在一定程度上避免发生这种情况？有些冲突就不会升级？

那么，作为老师、家长包括孩子们该掌握哪些心理学知识？

这是本什么样的书？

这是一本试图打通教育学和心理学的通俗读物，通过讲故事的方式，将心理学知识融入教育教学活动中，解决问题，探索进路。

从整体架构上，本书基于思维发展层次的三个系统，即自我系统、元认知系统和认知系统，将全书分为两篇，每篇各有8个教育故事及与之对应的心理实验或研究故事。上篇重在建设自我系统，分别阐述态度、信念、能动性、安全与发展、明确目标、扬长补短、榜样学习和坚持运动在成长中的重要作用；下篇将元认知和认知系统整合起来，讲述情绪管理、向内归因、用好从众、多角度审视、记忆策略、巧用评价、抗拒诱惑、刻意练习等，以促进生活、学习中相关策略的掌握。

将《选择相信：在心理实验中发现教育解困的密码》作为书名，则是基于以下考虑：选择相信体现的是师长对孩子的态度，而信任的态度对于人的成长、事情的达成而言是首要因素，至关重要。正因为如此，本书把相信的力量列为全书的第一个心理实验故事。

很多老师尤其是家长和孩子，对科学的学习方法的需求相当迫切，而这恰是认知心理学、学习科学研究的重点。对于这一需求，本书虽有涉及，但还没作为重点。因为我希望，先激发态度、信念等自我系统的力量，然后再系统讲述学习方法的心理故事。所以，本书应是心理实验故事系列的第一本。

本书主要给谁看？

重视对象感是写好书的关键，就如同和朋友交流，面对不同的人，聊的话题自然不同。那本书的阅读对象主要是谁呢？

生活中，每个人都有多重角色。就拿我来说，从1989年8月成为小学体育老师起，我一直是一名教师；在当老师的同时，因为不懈求学，所以我始终还是一个学生。自1999年8月，我有了孩子，孩子上幼儿园、小学、中学到读大学，我还是位家长。

教学问题，既有学科知识方面的问题，但更多的是育人问题，是成长问题。就此而言，或许成长涉及的对象都可以成为本书的读者。首先，读者是中小学老师，书里的教育故事就是老师日常工作中经常发生的事儿，读这些故事，就如同回放自己的教育教学视频；阅读心理实验故事，从中寻找解决问题的办法，对比思考，或许会有更多的感悟。其次，读者是中小学生的家长，书里的教育故事可能就是自家孩子发生的事儿，读这些故事，或许能看到平常看不到的孩子成长中的那些瞬间；阅读心理实验故事，从中发现解决问题的办法，也许能更好地帮到自家的孩子。其三，读者是大中院校学生，或许书里的故事就是自己亲身经历的事儿，读了心理实验故事，能帮到自己，比如面对某些问题，可以向老师或家长提出意见或建议，自己也能更全面和深入地分析成长中的各种事儿，以便更好地解决问题；当然，或许还能防范或避免出现不该发生的事儿……

教育，归根结底是为了促成自我教育。

我想，凡渴望自我教育的人，或许都能从心理实验中寻找并发现解决成长问题的秘诀。

真诚希望：能给渴望自我成长的朋友提供尽可能的体贴而周全的服务！

真诚感谢：每一位打开这本书的朋友！

期望我们携手：

一起成长，

终身成长，

快乐成长！

爱你们的：刘历红

2021年9月10日

目录

上篇

让选择相信成为我们的信念

下篇

让建设自己成为我们的习惯

上篇

让选择相信成为我们的信念

“相信什么，你就能成为什么”蕴含着丰富的内涵。

本篇的8个故事，旨在拉升自我系统。自我系统是《教育目标新分类学》中的概念，由态度、信念和情感构成，是一个人判断面对的任务的意义并决定他投入的程度，也就是确定动机；当动机被确定并决定投入任务之后，这个人将依据已建立起来的元认知系统，决定完成任务行为的目标、方式和策略；然后运用认知系统中存储的具体认知技能去经历认知过程并完成任务。

选择相信，代表着你、我为人处世的态度、信念和情感，决定行为策略。

研究发现，一个念头就能引起肌体一系列的反应。所以，选择对自己说“I can我能行”，对他人说“You can你能行”，对大家说“We can我们行”，能产生积极的聚力反应。

希望“选择相信”成为影响你、我的信条，成为我们的初心。

1 基本态度：选择相信

1.1 两把剪刀的故事

这是我亲身经历的真实的故事。类似的故事，或许到今天，仍然会发生在我们身边……

多年前的一天早上，第一节课刚上了一会儿，任大队辅导员的我到教导处打印材料。突然，电话铃声响了。教导副主任拿起电话，电话里传来急切的声音："主任，快请教导主任到我们班来帮帮忙，我们班的××躺在地上打滚，嗷嗷叫，上不成课……"

教导主任是位年轻的男同志，一米八的个头，很魁梧，他已经听到了老师的求助声，与副主任简短交流后，放下手中的笔，摇了摇头，挪了挪椅子，站起身来，离开了教导处。十多分钟后，主任带着一个满身泥斑的小男孩走进了教导处。

小家伙虎头虎脑，皮肤白净，撅着小嘴，垂着眼帘，站在桌子前面，一脸的不服气。我看了看他，接着去忙自己的事了。

第一节下课后，两位主任有事，一起离开了教导处。不一会儿，班主任兼语文老师小Z急火火地走进教导处。年轻的她冲到我跟前，大声地对我说："刘老师，气死我了！"看她怒气冲冲的样子，我停下手里的活儿，静静地看着她，听她倾诉。"刚一上课，我们班的同学就告诉我，他（Z老师恨恨地点指着站在她身旁的孩子，那孩子低垂着头，手里却在玩着桌上的一个小东西）带了两把裁衣服的大剪刀，我担心危险，就让他把剪刀先交给我保管，等放学的时候再还给他。可他竟然不愿意。我就只好去他书包里找，结果他拽着书包不给，后来还躺到地上打滚儿，闹得我一节课都没上成，真是气死我了！我已经给他家长打电话了，让他家长好好管教管教他。”

听了Z老师的话，我柔声问那孩子：“为什么要带剪刀到学校里来啊？”孩子没吭声，仍旧低着头，继续玩弄着手里的小玩意儿。

“是昨天美术老师让今天带小剪刀，上午美术课要用，”Z老师听了我的话，大声抢着回答，“他那大剪刀，是有尖的那种，特别锋利……”

“是不是没有找到小剪刀，就带了大剪刀？可是，你为什么要带两把剪刀呢？”我看着那孩子，探寻地问。他的头依然低着，手依然在桌上，但手上的动作停了下来。

屋子里异常安静。

“是不是想着，万一哪个小朋友忘了带剪刀，就借给他……”那孩子抬起头，看着我，眼泪唰唰地流下来。

Z老师沉默了。

下午上课前，我在办公室里忙着，偶然一抬头，看到那个孩子在窗外望着我。我忙招手让他进了办公室。他慢慢走到我跟前，我俯身看着他，想跟他聊点什么，还没有开口，就看到他裸露的手臂上有一道道红色的痕迹。我拉起他的胳膊，看到袖子下也是伤痕。孩子眼睛里含着泪，他抬头望着我，幽幽地说：“爸爸中午用皮带抽的，说我给他丢脸了……”

不知您看了上面的故事，有何感受？

每次想起这个故事，每次阅读上面的文字，我都难以抑制内心的悲伤。

……

怎样避免类似的故事重演？

……

让我们穿越到几十年前的大洋彼岸，化身隐形人，旁观几个心理实验，看看能否从中得到些启发？

1.2　心理实验故事

聪明的马儿——汉斯，为何会解数学题？

有一匹叫汉斯的马，因以能认字、会拼写还会解答数学题而被称为“聪明的汉斯”（Pfungst，1911）。在解答数学题时，它会通过用前掌击踏地面的次数表示问题的答案。心理专家组对汉斯的能力进行测试后发现，即便没有它的主人的提示，它也能真实地表现以上能力。究竟是什么原因使汉斯拥有这样的智力水平？

心理学家冯斯特进行了一系列仔细的实验研究后发现，其实汉斯是从提问者无意识的表现中获得细微线索的。比如，当人们问完它一个问题后，一般都会低头俯视其前掌等待它的答案。当它敲击的次数接近正确答案时，提问者会微微抬起眼睛或头，期待着它完成解答。当汉斯对提问者的细微动作形成了条件作用后，就会利用这些线索并做出正确回答。

聪明鼠和愚笨鼠学习速度一样快吗？

哈佛大学心理学专家罗伯特·罗森塔尔，用心理系的学生做了一项实验（Rosenthal & Fode，1963）。他告诉其中一部分学生，他们将要使用的是“聪明鼠”，这些老鼠经过特殊的方式喂养，拥有较高的智力水平，因此，它们能很快地学会走迷宫。同时，他告诉另外一部分学生，他们将使用的老鼠比较笨。言下之意，这些笨老鼠在学习走迷宫时速度比较慢。然后，学生们开始训练各自分配到的老鼠，让老鼠们完成各种技能，包括走迷宫。

结果发现，得到聪明鼠的学生们报告说，他们的老鼠学习时间比较短，而得到笨老鼠的学生们则报告说，他们的老鼠学习的时间比较长。事实上，分配给两组学生的老鼠都是标准的实验用的老鼠，而且这些老鼠还是随机分配的，它们根本不存在智力上的差异。可是，这些学生并不是在说谎或是故意歪曲实验结果。显然，学生在训练他们的老鼠时，对动物施加的影响并非是故意的，应该都是无意的。[①]

为何“天才儿童”进步更快？

罗森塔尔担忧，类似的偏见和期望也可能会出现在实验室外。恰巧，旧金山一所小学的校长利诺·雅各布森在看过了罗森塔尔的一篇文章后，主动拜访。经过畅聊，他们都很好奇：期望效应是否对学业成绩存在影响？为此，他们决定通过设计实验进行验证。

罗森塔尔和雅各布森在一所名为橡树学校的公立小学进行了实验（Rosenthal & Jackbson，1968）。这所小学有6个年级，每个年级都分成了快班、中班和慢班各3个班。他们选择了320名儿童进行实验。首先，对孩子们进行了测验，并称测试题目是“天才儿童哈佛测试题”。然后，告诉老师们测试目的是评估孩子的“天才水平”或“学习潜能”。实际上，只是一般能力测验。选择这个测验，原因是它属于非文字测验，学生的分数不依赖先前接受的阅读、写作和算术等方面的训练，而是在语言表达和推理能力的维度上测量智商水平。他们没有告诉教师测试结果，而是从慢、中和快班各随机挑选出20%的学生，然后给每位老师一份记录着所在班中成绩最高的前20%的学生名单，并说明经过“哈佛测试”，这些孩子会在接下来的一年里突飞猛进，超过班上其他同学。同时，禁止老师向孩子们的父母说起这个测试。

一年后，罗森塔尔和雅各布森给所有孩子做了相同的智商测试，结果发现：6个年级所有孩子的智商都提高了。其中，那些被预言将有突飞猛进的“潜力儿童”的进步更大，他们的平均提高幅度显著高于其他学生，提高均值分别为12.2分和8.4分。也就是说，一年前被随机选出的20%的孩子，他们的进步幅度平均超过其他孩子3.8分。[②]

心理实验的结论：心想真能事成！

预期某一事物以某种方式发生，期望就会倾向于让它成为现实，也就是我们常说的心想事成，这

① Rosenthal, R-, & Fode, K. (1963). The effect of experimenter bias on the performance of the albino rat Behavioral Science, 8, 183-189.

② Rosenthal, R-, & Jacobson, L. (1968). Pygmalion in the classroom: Teacher expectations and pupils' intellectual development. New York:Holt, Rinechart and Winston.

一现象也被称为自我实现预言。

观察者经常带有某种特殊的期望或偏爱，会使他们在研究中无意识地给参与者发出某种隐蔽的信号，“聪明的汉斯”正是因此才会解了数学题。自我实现预言的实质是，实验者可能总是期望经过他的科学处理，参与者和其他人相比会产生某种特殊的行为。实验者自己有倾向性的期望，所导致的期望实现的现象，被称为实验者期望效应。橡树学校的实验验证了期望效应的存在。

在实验室外，人与人之间出现的期望效应，被罗森塔尔命名为皮格马利翁效应。该命名取自希腊神话故事。塞浦路斯国王皮格马利翁善于雕刻，他雕刻了一座理想中的美女像，久久陪伴，竟对自己的作品产生了爱慕之情。他祈求爱神阿佛罗狄忒赋予雕像以生命。爱神被他的真诚所感动，让美女雕像活了过来。在神话故事中，皮格马利翁的期待是真诚的，打动了爱神，最终期望成真，心想事成。

在我们的传统文化中，这种自我实现预言通过“抓周”活动被广泛地运用。在民间，老百姓常常在孩子一周岁的时候，在盘子里摆放很多物品，让孩子去抓。因为每一样物品都有一定的寓意，如果孩子抓了，或是寓意孩子在这个方面有天赋，或是预言孩子未来可能从事这方面的职业，等等。就像我，抓周的时候抓的是一支笔，从小家里人都常说我将来学习好，还有人说我是文曲星下凡，将来擅长写作。因为这种说法不断被重复，就形成了一种强烈的心理暗示，甚至进入自己和他人的潜意识，影响自己和他人的行为与判断。

就如同那匹聪明的马汉斯一样，我们能从他人传递出的暗示或信息中得到很多线索，去调整或塑造自己的行为，使之更符合大家的预期。在此过程中，他人的暗示又强化了自我暗示，逐渐形成一种越来越强的心理能量，促使我们朝向被预言的方向积极行动。最终，预言很有可能就会实现。

心理学家常常通过设计和做实验，对日常生活中司空见惯的现象进行验证。很多心理实验，早已耳熟能详。就像罗森塔尔做的实验一样，很多人都知道“积极期望”对人尤其是对小孩子的作用。

全面了解整个实验故事，能带给我们更多的启发。下面就让我们看看“天才儿童”实验中一些不太为人所知的故事：

“天才儿童”实验背后的故事

罗森塔尔对橡树学校的实验数据进一步分析还发现，“潜力儿童”进步幅度大，主要是1年级、2年级的差异引起的（表1.1）。

表1.1　1-6年级学生智商测试成绩

年级	控制组		“潜力儿童”		优势差值
	人数	增长值	人数	增长值	
1	48	+12.0	7	+27.4	+15.4
2	47	+7.0	12	+16.5	+9.5
3	40	+5.0	14	+5.0	0
4	49	+2.2	12	+5.6	+3.4
5	26	+17.5	9	+17.4	-0.1
6	45	+10.7	11	+10.0	-0.7
总数	255	+8.4	65	+12.2	+3.8

以上数据表明，期望效应在小学高年级并没有出现。为什么？

针对这个结果，罗森塔尔和雅各布森做出了几种可能性解释：

（1）一般而言，低年级儿童可塑性更强。另一种可能是，即便低年级儿童并不具有更强的可塑性，但教师可能会认为潜力儿童具有特殊性，这种想法促使教师对这些孩子采取了不同的对待方式，从而产生了不同的结果。

（2）小学低年级学生还没在老师心目中形成刻板印象。换句话说，如果老师没对学生产生思维定式或偏见，那么研究者创造的对“潜力儿童”的期望就会产生更大影响。

（3）低年级儿童可能更容易受到影响。老师平时在和他们相处、沟通时表现出的期望，小孩子对这种微妙的、不经意的过程更敏感。比如说，当老师相信孩子能有更大提高，那么老师在和这个孩子说话时，在语气、眼神、姿态及与学生身体接触等方面，会表现出更多的积极情感，孩子也会因此感受到老师对自己的喜欢和肯定，从而更喜欢老师，也更喜欢这位老师所教的课。

（4）低年级教师向学生传递期望的方式与高年级老师不同。只是罗森塔尔和雅各布森并没有做出进一步的研究或推测。比如，这种可能性若存在，那么这些差异可能会怎样。

罗森塔尔实验的意义及后续研究

橡树学校实验研究的真正意义在于，教师对学生表现出的期望，会对学生产生长期的潜在影响。当然，它直接引出了当今心理学和教育学中最有争议的一个话题，就是智商测验本身的公平性问题。我们暂且搁置这个问题，仍然回到期望效应的研究上来。

1974年，心理专家Chaiken、Sigler和Derlega研究了课堂中教师对学生的期望及效果。他们告诉教师，在他所任教的班里有些学生很聪明，其实，这些所谓的“聪明”学生是从全体学生中随机抽取的。他们对课堂进行了录像，观察并分析课堂情境中师生互动的情况。结果发现，在很多细微之处，教师都会表现出对“聪明”学生的偏爱。比如，给予这些学生以更多的微笑，更多的眼神交流，对他们的课堂回答给予更多的赞同。他们还指出，这些在教师心目中被赋予了更高期望值的学生更喜欢学校生活，更乐意接受教师对自己错误的建设性批评，更努力地进行改进和提高。关于期望效应的后续研究表明，虽然教师对学生的期望不是学生在学校表现的唯一决定因素，但它的影响不仅仅限于智力分数。

你对天才儿童和其他孩子态度会一样吗？

现在，让我们回到被搁置的关于智商的问题。假设你是一名中小学教师，你的班里有36名学生，这是我所在的上游学校（初、高中各班统一）的班额。开学第一天，你拿到每个学生智商分数的名册，发现学生中有的人智商分数超过145，可以归入天才的行列。你认为自己能做到一视同仁吗？对36个孩子的期望会完全一样吗？或许，这很难做到。如果这样，那你的期望就变成了他们自我实现的预言。这对其他孩子来说，是不公平的。如果名册的智商分数是错的，而错误的智商分数产生的期望有利于一些孩子但不利于另一些孩子，很显然是不公平的，也是不道德的。这正是引发人们对智商测验进行争论乃至抨击的根源。罗森塔尔的实验恰恰揭示了这一点。

期望效应的广为应用

由于罗森塔尔的实验研究，教师期望对学生表现的影响，现在已经成为我们理解教育过程必不可少的部分。与此同时，罗森塔尔的“人际期望”理论已经在除教育以外的很多领域产生了巨大影响。2002年，罗森塔尔利用元分析方法对有关期望效应的文献进行了回顾，并阐明“心理学研究者、教师、法官、企业主管、医护人员的期望如何能够在不经意间影响参与者、学生、陪审团、雇员和患者的反应”。

看来，只要选择相信，只要寄予期望，真的可以心想事成！

1.3 运用心理实验发现，分析教育中的问题

让选择相信，植根于内心

罗森塔尔根据实验提出的皮格马利翁效应告诉我们：只要真诚期待，就能心想事成。

所以，选择相信，相信每一个孩子，这对教育者而言应是一种基本态度，应深深地根植于每位老师的内心。

罗森塔尔的实验并非仅仅适用于智商或学业成绩方面的改变，我们还应追问期望效应的深层机制。我认为，期望效应的本质是对人的态度，是选择相信，是充满信任。

在中小学，面对突发问题，教师若在灵魂深处对孩子的态度是相信的，就能避免很多不该发生的事情。但令人痛心的是，面对很多教育现象尤其是

突发状况时，我们常常顺着本能反应，采取行动，丢掉了相信的态度，做出了不理性和非智慧的行动。

我常想，如果教师对每一个孩子都抱持相信的态度，满怀期待，充满期望，甚至始终抱有自我实现预言，对每一个孩子都能给予更多的微笑，更多的眼神交流，对他们的课堂回答给予更多的赞同……那么，每个孩子是不是会更喜欢学校生活？更乐意接受教师对其错误的建设性批评？并更努力地对此进行改进和提高？

实验证明，答案是肯定的。

关键在于，老师是否能做到对每一个孩子都怀有高期望，是否愿意实现期望效应？

选择相信，避免两把剪刀的故事重演

两把剪刀的故事，已经过去了很久。可每当回忆起来，我总是泪流满面……

故事中的那个小男孩，在他上小学5年级的时候，我曾带过他的课。在我的课上，他既不发言也不参与活动，安静得似乎不存在。新班主任告诉我，他上别的老师的课，啥也不学，但会捣乱。班主任还告诉我，孩子遇到并出现了很多问题，既有家庭的，也有其他方面的。

每当想起“两把剪刀的故事”，我就会追问：为什么老师没有在听到孩子带了两把剪刀的时候，选择相信孩子，先去肯定他的出发点？为什么没有先走进他的心里，没有站到他的角度去思考、分析和处理问题？为什么家长也没有相信自己的孩子？

如果Z老师，选择相信孩子，先肯定孩子的认真态度及想帮助他人的想法和做法，然后再商量告诉孩子大剪刀潜在的危险，所以老师暂时代为保管，并想方设法地帮孩子找一把小剪刀，那大闹课堂与接下来的孩子被家长痛打的事情就不会发生？

推及开去，如果老师和家长都能选择相信孩子，是否就能避免课堂内外的矛盾与冲突，就能避免类似的令人痛心的、本不该发生的事情。

1.4 怎样才能坚定地选择相信？

首先，牢记罗森塔尔的实验结果，让相信孩子成为基本的教育态度

罗森塔尔通过实验告诉我们，即便是随机抽取的孩子，如果相信他是“天才”，并给予更多微笑、互动、鼓励和期待，他就能发生变化。后续研究也表明，当老师这样做时，孩子不仅学习成绩会提升，而且孩子会更喜欢学校，更乐意接受老师的批评意见，也更愿意改正自己的错误。而这一切的根本，在于老师对孩子的态度，在于老师相信孩子是优秀的，相信孩子有好的动机。

所以，坚定地选择相信，根本做法就是坚信每个孩子都有好动机、有潜能、有潜力、有好的发展。我想，这才是“天才实验”在教育领域应用的本质。

其次，面对课堂内外的意外情况，树立从动机入手处理问题的态度

对于老师而言，最棘手的莫过于在时空有限的课堂内，遭遇突发事件。其实，每一个意外背后都有蛛丝马迹，每一个现象背后都存在逻辑的可能性，当从动机角度判断，就会有不一样的发现。

如果把动机看成一个联合体，那它永远是纳入新的动机和改造那些已经形成的动机。动机总是有或多或少的丰富性，内容规定性或模糊性。究其状态而言，有的动机是被我们知道的，有的尚未被完全知道，还有的可能还处在完全不知道的潜伏状态。对于中小学生来说，对此他们还无法分清楚，甚至对自己的想法和现实之间的差异也缺乏判断和权衡，越小的孩子越处于自我中心阶段。因此，孩子的世界和大人的世界不太一样。如果我们忘记了曾经有过的童年表现而用成人的标准，去审视和评价孩子时，是不是就像罗森塔尔实验中的老师对待名单外的孩子那样。对此我们需要时刻保持警惕！

对生命的敬畏，要求我们对成长中的孩子永远保持一颗童心、一颗相信孩子的心。

其实，课堂内外的很多冲突大多是师生彼此不理解造成的，但老师有主导权。如果老师在面对意外情况时，能先选择相信学生，从动机入手，就很可能艺术地化解问题，避免事态恶化，从而保障教学顺利进行。

Z老师若能秉持相信孩子的态度，先了解孩子的动机，肯定孩子的认真与助人为乐的想法，并跟孩子商量：

"你能听美术老师的话，带剪刀，真是认真的好孩子！你带两把剪刀，想帮助别的小朋友，真是热心的好孩子！老师为你点赞！（边说边抱抱孩子，并给孩子竖起大拇指，还请全班小朋友鼓掌）不过，这两把剪刀不是圆头的、用起来比较安全的小剪刀，你看这样好不好，我帮你暂时保管一下，上美术课前，我再给你找一把圆头小剪刀，行吗？"

孩子感到了老师的尊重、信任和理解，是不是容易接受老师的建议，冲突就避免了？

事实上，很多事孩子的动机都是向上、向善、美好的，但因孩子的心智不成熟，考虑事情不周全，常常导致动机和结果出现反差。如果成人包括老师仅从表象或结果做出判断，否定孩子，孩子就会因得不到大人的理解，感到委屈而和成人发生矛盾冲突。性格不同的孩子表达委屈的方式存在差别，任性、倔强的孩子常表现为哭闹甚至迁怒他人，与人打架等；胆小、懦弱的孩子往往表现为畏惧、躲避等。

其三，换位思考，把自己当成那个孩子

中国传统文化强调"己所不欲勿施于人"，就是与人相处、解决问题时要换位思考，"推己及人"。对待小孩子也是一样。在上面的案例中，Z老师的好心是站在自己角度上的好心，她天真地认为，这种好心应该得到孩子的支持与配合。因此，当孩子没有配合时，她觉得委屈，很生气，更因为遭到

了孩子的抵制而恼怒。

用意识现象学分析，Z老师听到学生拿了两把“大剪刀”后，心中只有“剪刀”这个“物”，没有意识到“物”背后的“动机”，也没探寻“物”现象背后蕴含着哪些“未被发现的物”，就直接针对“剪刀”采取行动。结果，面对老师简单甚至粗暴的处理方式，孩子感到委屈，在老师强行找剪刀时，孩子委屈加剧，但刚上一年级的小孩子不会申辩，也不像高年级的大孩子那样假意变“乖”，只能用哭闹、撒泼的方式来宣泄心中的委屈，于是矛盾冲突逐步升级，最终演变成教学事故。

1.5 选择相信，运用期望效应的步骤

选择相信的步骤

第一步 选择相信！无论面对什么现象，始终抱持相信的态度，建立并强化孩子的积极的自我期望。

第二步 走进孩子心里去。面对各种各样的突发事件，在火冒三丈前，请牢牢记住：先知道孩子到底是怎么想的！走到现象背后，才能从根源上解决问题。

第三步 角色转换。反躬自问：如果我就是那个孩子，我会怎样想？我希望老师怎样做？在我和他之间的角色互换下，或许能找到解决问题的妙招。

运用期望效应的步骤

第一步 创造良好的心理支持氛围。让孩子在内心深处和情感上感受到教师和家长的积极关注，营造温暖、关心、支持、理解的氛围，给予孩子无条件的接纳、信任与支持，激发、维持、强化孩子的自我期望。

第二步 对孩子给予积极的心理暗示。把对孩子的热切期待，通过积极

的眼神、微笑、声音、动作等，让孩子感受到师长对他们的高期望，让他们成为聪敏的汉斯。同时，在指导孩子学习时，对孩子的提问给予启发性回答，并提供针对性帮助，如知识材料，方法指导等，形成良好的互动。

第三步　积极的反馈与鼓励。对老师而言，需要注意的是，要对所有孩子都寄予期望，且无论孩子当前学习成绩如何，对于待优的孩子需要给予更多的鼓励和赞美，甚至要拿起放大镜帮助他们找优点，并帮助他们树立和强化和自己比的习惯，引导他们遇事向内归因，强调努力与坚持，对他们的点滴进步做出及时而积极的反馈，让孩子深切感受到老师真挚的鼓励和真诚的赞赏。

2 自我信念：我能行（I can）

2.1 两个学习遇困孩子的故事

老师、家长都盼望孩子能够好好学习，天天向上。但在求学路上，孩子们却常常遇到各种挫折。当孩子遇到困难，老师、家长应对的方式不同，结果大相径庭……

刚上学的孩子为啥尿裤子

秋季开学不久，正上班的妞妞的爸爸，接到孩子老师的电话，说孩子在学校尿裤子。爸爸把孩子接回家，换好裤子后，把孩子抱起来，让她坐在自己的腿上，看着孩子的眼睛，耐心地问："孩子，为啥会尿裤子？"孩子怯怯地看着爸爸，两眼噙泪，撇撇嘴，没说话。爸爸看着孩子，探寻的、小声再问："孩子，你已经很久没尿裤子了，现在刚上小学，却在学校尿裤子，是不是遇到什么事儿了？"孩子低下了头，眼泪流了下来，抽噎着……爸爸温和地说："孩子，别怕！没关系，遇到困难，你直接说出来，或许爸爸可以帮到你。或者，我们可以一起想办法。"

孩子慢慢地抬起头，小声地说："我们学拼音，老师让直呼，他们都会，就我不会，我心里很着急，就……"说着说着，女儿放声大哭。

爸爸轻轻地拍着女儿的肩，把女儿往怀里揽了揽，静静地陪伴着放声大哭的孩子……随着哭声渐渐变小，爸爸把女儿抱起来，放在地上，自己蹲在孩子跟前，抚住孩子的双肩，平视孩子，温和而坚定地说，"孩子，不会直呼，那就先在心里拼，拼好了，再发出声音，是不是就可以直接呼出来了？别的孩子，之所以能够直呼，就是因为他们在心里拼读了，而且他们练得多，反应快，看起来就好像是直接呼出来一样。你也试试看？”孩子看着爸爸，小脸由迟疑到慢慢用力点了点头。那一刻，似乎有束光，照进孩子眼中，瞬间充满神采。

……妞妞和她的妹妹，小学都是在郑州市金水区黄河路三小就读的，都在15岁那年考上了当时的华中理工大学（现华中科技大学），都是本硕连读，姐姐在国内读完了博士，妹妹到美国读了博士。妞妞的班主任耿老师回忆说：“当年，妞妞的天赋并非出类拔萃，在班里的学习成绩也不是最好的，但孩子有韧劲，很认真，很向上，喜欢学习。”在黄河路三小当大队辅导员时，我曾经请妞妞的爸爸回到孩子小学就读的母校，向妞妞的学弟学妹们的家长分享教育经验……

妞妞的爸爸到底有哪些教育心得？请在第三部分“分析教育问题”中寻找答案。或许，亲爱的读者朋友，您能从中获得帮助孩子更好地应对困难的方法。

最痛苦的，是清醒地看到自己在坠落！

小学一二年级的时候，我学习成绩还挺好的，是班里的前几名，还考过第一。可上了小学三年级，我的学习成绩开始下滑，妈妈就骂我。骂我笨，脑子像糨子，还骂我像猪……

我也努力过，但我的学习成绩还是没上去。你知道智商吗？我觉得，我的智商不高……

我担心没有朋友，开始用零用钱买东西，讨好一些同学……

小学五年级了，班里学习好的同学在“宫斗”；有的同学压力特别大，开始自残，用小刀刺自己的胳膊，还有的抑郁了：学习成绩差的孩子开始混社会了，吸烟、喝酒、谈朋友，我也开始放弃自己，和他们混在一起，不学习……阿姨，您知道吗？看到自己在坠落，而且很清醒，这是最痛苦的！

前一段时间，我拍了张照片，我都不忍心看，面如死灰，眼睛里充满了绝望……

有时候，我也想到了死，可是又有点儿害怕……

我原本有一个闺蜜，从幼儿园起就是好朋友，可有一天她在背后说我的坏话，被我听到了，我当即和她绝交了。后来，有个同学主动找我，我不相信她，总觉得她有什么企图，可后来发现，她对我挺真诚的，我才慢慢愿意和她做朋友。

……

阿姨，您和我妈妈最大的不同，是我打断了你说话，你会停下来，听我说完。而我妈妈说话，我要是打断了她，她会骂我，可她打断了我，却从来不会道歉。

当听到正上小学5年级的小姑娘，从开始讲述《狼王梦》的故事到说自己的故事，从她侃侃而谈说自己曾经也很有野心，而且对周围的事情都充满好奇心，到她两眼含泪望着我，诉说自己的无助、纠结乃至偶尔产生的轻生想法……当我听到她说，“最痛苦的事，是清醒地看到自己在坠落”时，我甚至不太敢相信，如此深刻的话，出自这个尚不满12周岁的孩子。

究竟是什么原因，让孩子一点点地失去自信？怎样才能修复那颗幼小却已受伤的心？怎么做才能重新燃起她内心的希望，帮她建立“我能行”的信念？

等您看完第二部分的心理实验故事后，我们再讨论帮助这个孩子的办法。

2.2　心理实验故事

狗为什么变得绝望？

美国心理学家塞利格曼在宾夕法尼亚大学以狗为被试，进行心理实验。[①]他们将狗随机分为3

① Seligman, M.E.P, & Maier, S.F. (1967). Failure to escape traumatic shock. Journal of Experimental Psychology, 74, 1-9.

组，每组8只。第1组是可逃脱组，第2组是不可逃脱组，第3组是无束缚的控制组。

不可逃脱组的狗与逃脱组的狗一一配对后，被单独安置并固定，狗只能稍微移动。在每只狗的头部两边各安了一个鞍垫，用来控制电击。两组的不同之处在于，可逃脱组的狗受到电击后，它们可以通过挤压头部两边的鞍垫终止电击，而不可逃脱组的狗在受到电击后，无论做什么，电击都将继续，也就是它们丧失了终止电击的控制权。但两组的电击时间是一致的。

实验的第一阶段，可逃脱组和不可逃脱组的狗在90秒内都接受了64次电击。可逃脱组的狗在挣扎中发现，用头部挤压鞍垫，可以终止电击。因此，它们很快学会了解脱办法。对它们的电击停止后，对不可逃脱组的狗也停止电击。

实验的第二阶段，在24小时后进行。3组狗都被关在装有灯的梭箱里，但梭箱底部设置了电流。只要灯灭掉10秒后，电流就会通过箱子底部。因此，如果狗能在10秒内跳过隔板，就能避免电击，否则它将持续遭受电击，直到它跳过隔板或等到60秒电击结束。每只狗都进行了10次电击实验。不可逃脱组的狗7天后，在梭箱中再接受10次额外测试。研究人员记录了每组狗从灯光熄灭到跳过隔板结束电击，平均需要的时间和每组中完全没有学会逃脱电击的狗的比例。

结果表明，在第一阶段的90秒钟内，在接受64次电击过程中，可逃脱组的狗用挤压鞍垫停止电击的时间迅速缩短；而不可逃脱组的狗挤压鞍垫的行为在30次尝试后彻底放弃。在第二阶段实验中，可逃脱组和控制组的狗之间在逃脱时间上没有差异，但不可逃脱组和其他两组间存在显著差异。数据表明，逃脱组在10次尝试中至少有9次能跳过隔板并避免电击，控制组有80%能避免电击，而不可逃脱组则仅有20%能避免电击。同时，可逃脱组和不可逃脱组之间也存在非常显著的差异，不可逃脱组的6只狗在9次甚至10次尝试中完全失败。7天后，这6只狗被放入梭箱中再次实验，结果6只狗中的5只没能在任何一次尝试中逃脱电击。

为何会有如此大的差异？

因为，可逃脱组的狗，在前一实验阶段已经习得了自己的行为与终止电击之间的相关，因此，它们能主动跳过隔板并逃离电击。而不可逃脱组在此前阶段的行为与终止电击毫无关系，所以，在梭箱中它们并不认为行为能终止电击。因此，它们不会主动尝试逃脱，它们习得了无助感。

习得性无助

实验证明，动物有了对某些外部事件无法控制的经验时，就像实验中不可逃脱组的狗一样，当它们经过努力但却无法避开有害的或不愉快的情境，获得失败经验后，就会对后来应付特定事件的能力产生破坏效应，会消极地接受自己的命运，不进行任何尝试和努力。塞利格曼称这一现象为习得性无助。

习得性无助在人身上的表现与成因

习得性无助在人身上也会发生。当一个人在做某件事时，如果一次又一次遭受到失败和打击，就会倾向于放弃尝试努力，听任命运摆布，此时的表现就是习得性无助。

习得性无助的形成，往往与周围的消极评价和不良环境有关。

习得性无助的人成就动机很低，自我概念和自我效能感也低。他们往往不能给自己确立恰当的目标，遇到困难容易自暴自弃，对失败的恐惧远远超过对成功的希望。他们更倾向于设定较低的目标以避免失败的体验。遇到挫折时，他们往往没有自信心，不经过努力便会立刻放弃。因为他们的生活经验更多是失败的，他们怀疑自己的能力，加上受到周围的消极评价，他们逐渐认定自己永远是个失败者，无论怎么努力也没有用。

对于学生而言，从情绪上看，习得性无助的孩子容易表现为烦躁、冷淡、绝望、害怕、被动，陷入抑郁状态，表现为焦虑、自暴自弃、害怕学业失败而逃避学习。

习得性无助与抑郁的关联

对抑郁症的研究表明，一些抑郁症状是习得性无助的结果，同时抑郁症患者也认为自己是无助的。

抑郁症患者在面对问题时，常使用一种“抑郁的解释风格”。比如，“解决不了问题，是因为我无能，我没有任何用处；我在任何事情上都无药可救”。因为他们相信自己是无助的，所以他们更容易感受到抑郁的情绪。

习得性无助的种类

习得性无助存在普遍性与个体性的区别。假设一个孩子感染了白血病，他的父亲会尽一切可能拯救孩子的生命。但当一切努力都没有效果时，父亲开始相信自己什么也做不了，也没有任何人能够帮得上忙。最终，他放弃了，表现出行为上的无助和抑郁症状。这种无助就是普遍性无助。

假设一个孩子不断努力学习数学，除了学校课程之外还上补习班，但都没有什么效果，他仍然考得不好。渐渐地，他把结果归因于自己笨，智商低，最后他选择放弃。从此以后，面对任何数学题，甚至包括在日常生活中涉及的数学问题，比如买东西计算价格等，都成了他的噩梦，他都试图逃避，都觉得自己不行。这种现象称为个体性无助。

2.3 运用心理实验发现，分析教育中的问题

成长中，孩子总会遇到各种各样的坎，是拉一把还是推一下，结果大不相同

前文中，两个不同学段的孩子在学习上都遇到了困难，但他们的表现却很不一样。为什么？

妞妞的爸爸在给郑州金水区黄河路三小的其他家长分享教育经验时说，

小女儿出国前，他去给孩子买出国用的大箱子。在商店遇到了一位也在买箱子的女同志。这位女同志一下子买了两个大箱子。他很好奇，就主动攀谈。沟通中，得知这位女同志的双胞胎儿子同时被美国名校录取，也要到美国攻读博士，所以，她给孩子各买了一个出国用的大箱子。在交流教育经验时，他们的共同感受是，自家的孩子都算不上特别聪明，而且孩子们在求学路上遇到的困难也不比别人家的孩子少。不过，面对孩子成长中的种种困难，他们都会带着孩子一起解决。在想方设法地解决了困难以后，孩子们不仅渡过了难关，而且还逐渐养成了乐学、勤学，做事积极、认真，吃苦、耐劳，有毅力，不服输、承受力强等好习惯。

妞妞的爸爸认为，孩子在成长的不同阶段，总会遇到各种各样的问题，这是很正常的。作为家长或老师尤其是爸爸、妈妈，越是在这个时候，越需要用心拉孩子一把，帮孩子越过遇到的坎儿。如果一味地指责、抱怨、贬低甚至打骂孩子，不仅不利于帮孩子解决困难，实质上是推了孩子一把，把孩子推进了坑里。时间一长，一方面孩子感到家长总是帮不到自己，慢慢地也就不会再求助于家长了，甚至因屡屡遭到贬低、打骂，而学会撒谎、逃避，乃至发生其他种种我们不愿意看到的事情；另一方面孩子总是被贬低，渐渐地就学会了破罐子破摔，再想拉一把的难度会增大，解决问题的时间也会延长，真是得不偿失。

分析前文第二个孩子的故事——那个小女孩的变化，归根结底是当她遇到了学习上的困境时，既没有得到妈妈的理解也没有获得及时且有效的帮助，反而不断地遭到斥责、贬低乃至否定性的消极评价。孩子在这样的环境中挣扎，就如同实验中不可逃脱组的狗一样，在努力尝试了30次后，因为没有取得任何效果，最终选择了放弃。

2.4 帮助孩子树立“我能行”的信念

学校可爱，老师可亲，我能行！

2001年10月，在广西东兴市召开了全国少先队工作学会会议。当时，我有幸作为河南省唯一的代表参加了这次会议。在会上，心理专家曹子芳教授做了场报告。让我印象很深的是，她说上海有位小学语文老师在总结教育经验时提出，要让孩子觉得“学校可爱，老师可亲”，曹老师又加上了“我能行”。以此，帮助孩子爱上学校、老师和学习。

2020年元月，我所在的上游学校组织10位老师前往芬兰研修，这是我们学校自2018年以来，第三次第四批组织教师到海外研修。在芬兰学习滑雪的时候，我们的教练（后来还教授我们体育理论），指导我们时，不仅教学内容由易到难，循序渐进，而且整个教学中，自始至终他的鼓励令我们倍受鼓舞，非常难忘！“You can !”“Just try !”仿佛是他的口头禅。在这种态度上的信任、技术上的支持、细节上的指导下，我们学得很快，而且渐渐树立了“I can !”的信念。

教育孩子，包括我们自己做事，从“Can you ?”的自我质疑乃至充满怀疑，转变为坚定的自我暗示与强化“I can !”是必须要给孩子的做事信念和人生信念。

对于年龄小的孩子，能真实地感受到“学校可爱，老师可亲，我能行！”是爱上学校、爱上学习的心灵助力。同时，真切地体验到“家庭温暖，家人信任，我能行！”是孩子遇到重重困难有信心、有能力克服的心理动力。家庭、学校，父母、老师，同学、朋友，是孩子成长中的重要他人，是孩子的心理支持系统。这个系统的链接越紧密，支持越有力，孩子的发展就越有后劲，越有潜力！

2.5 摆脱无助，建立“我能行”信念的建议

转变态度，接纳情绪，尊重感受，有效帮扶，积极评价

教师和家长作为学生的重要他人，对孩子所做出的评价对孩子的成长具有重要意义，直接影响着孩子的情感、态度与自我评价的形成。因此，防范或改变孩子的习得性无助，首先，家长和老师需要改变对孩子的态度，尤其

是当孩子遇到困难、挫折或委屈时，更需要师长针对性的帮扶和激励性的评价；其次，要用发展的眼光看待孩子与他们出现的问题，多给予关心、鼓励、帮助与支持；其三，接纳孩子的情绪，尊重孩子的感受，切忌本能反应，意气用事，采取不负责任的指责、抱怨乃至暴力相向，把孩子当成出气筒。

帮助孩子建立良好的自我概念

自我概念是建立在人们对自身的认知和评价基础之上的。如果一个人的自我概念是一个失败的人，那么他就会不断地感受到一个垂头丧气的自我，而反复的消极的自我暗示，将导致他越发地感到沮丧、自卑乃至自暴自弃，甚至在内心深处给自己贴上了做任何事都“注定”会失败的心理标签。相反，如果一个人的自我概念是一个成功的人，总是给自己积极的自我暗示：只要我努力，只要我用心，我就会一点点地进步，我就会一步步地成功，那么，这个人就会塑造一个不断进取、努力获取成功的充满正能量的自我，于是他就会感到喜悦、自尊、自信，周围的人也会感受到他总是充满力量，阳光向上。由此可见，自我概念是积极性的源泉，也是瓦解无助感、消除习得性无助的内动力。因此，在教育教学中，在家庭教育中，老师和家长要尽可能地多给孩子以积极肯定的评价，对他们的进步给予及时地鼓励，引导孩子充分肯定自己的优点，帮助他们养成积极的自我暗示的习惯，帮助孩子正确地认识自我，建设并形成良好的自我概念。

有意识地对孩子进行归因训练

塞利格曼指出，对失败的归因在无助感的形成过程中起着重要的作用。比如很多学习差的孩子往往把失败归因于能力的不足，导致产生习得性无助，造成学习积极性降低，因此有必要通过一定的心理归因训练，纠正他们的认知模式，帮助孩子学会将失败的原因归结为努力不够，从而把自己从失望的状态中解脱出来。同时，在他们失败时，要帮助他们掌握正确的学习方法，慢慢提高学习能力，体验学习成效，并以此逐渐引导他们将原因归结为积极的努力、用心的付出和点滴的积累，从而激发孩子的主观能动性。

师长要格外注意的是，不要拿这个孩子的短处和别的孩子的长处比较，因为孩子的无助感往往是在这种比较中慢慢滋生的。所以师长首先要建立孩子自身纵向比较的观念和做法，其次要积极引导孩子正确地认识自己，让孩子坚信自己有特长、有能力，给孩子创造富有安全感的环境，帮助孩子建立正确的归因，促使孩子不断追求实现自我价值。

3 能动性：主动突破

3.1 绿色回收站站长的故事

老师、家长、孩子都有学业成绩天天向上的进步梦。怎样才能梦想成真？如何实现成绩逆袭？东东同学的故事或许能带给大家不一样的感受与启发。

废纸：铺平叠起来，分类打成捆

东东虽说已经是小学六年级的男生了，但因个子小，且身体单薄，看上去像三四年级的孩子。学校在推进“新世纪 我能行，体验教育活动”中，模拟社区“全心全意小社区”竞聘时，他选择的是绿色环保大队回收站站长的岗位。当被询问原因时，他说：“其他岗位竞聘的人多，我学习成绩不好，个子又小，肯定不行。但回收站不一样，不一定有人报，我报了，肯定行。我愿意干没有人干的活，我相信我能干好！”

东东竞聘成功，进入了全心全意小社区的管理层。他能定期参加大队部组织的培训，能参加“小社区”区长、副区长召开的社区管理与发展的综合会议，还能经常和平行机构，如少年科学院院长、电视台台长、广播站站长、环保大队长等各部门的负责人一起，探讨社区发展大计，以保障“小社区”内近500个岗位的有序运行。在他的努力下，绿色回收站还逐渐招募了成员，建立了团队。当然，这是在逐步发展中实现的。

绿色回收站，负责回收学校各班的废品，如废纸、塑料瓶、易拉罐，等等。根据回收站的工作安排，每周五下午两节课后，各班回收站的负责人会将本班的废品送到大队部门前，按类别卖给学校回收站。作为站长，东东会分类登记，再把卖废品的钱归还给各班，以作班费。从秋季开学到初冬，回收站运行了一段时间之后，东东摸索出一套经验，比如瓶子等，他还是按类别，记录数量，装入编织袋。但对废纸，他不仅分类，还把各班送来的揉成团的废纸，一张一张地铺平，分类打捆，甚至学校垃圾房里的废纸，他也开始回收。首先，他会先把垃圾房里的废纸装进大的编织袋；然后，拖到大队部门口；最后，分类、细致地整理。他说，这样做不仅卖的时候速度快，而且价钱还会高一点。

冬天天黑得早，而且随着回收站业务范围的扩大，以及整理程度的不断精细，每周五，他常常要花2～3个小时（从16:30左右开始，要一直忙到19点多）才能完成回收工作。不怕脏，不怕累，在东东身上体现得淋漓尽致。每次我在办公室里等待他时，常透过窗户，看他借着灯光，蹲在那儿，低着头，耐心细致地整理着一张张废纸，看着他一个人热火朝天的忙活，那么投入，那么忘我，不禁由衷地为他点赞！

寒假过后，春季来临，他招募了自己班里的几个同学加盟回收站。东东带着团队，先是提高了回收站的收费标准，同时也给了各班选择的空间——可以自主对外售卖，但需要统一时间，以便门房高效管理。这样回收站有了自己的收入，此前东东是义务为各班服务的。当回收站的盈利超过100元后，他们就批发了100多份《大河报》，并带领回收站的全体成员走上街头卖报。卖完报后，他们还一起分享感受。最终，经商讨，他们把卖报的钱捐了出去。

“老师，你猜猜我英语考了多少分？”

东东当了一年绿色回收站站长后，升入郑州一所颇有名气的老牌市属重点学校。一天晚上，我接到他的电话。“刘老师，你猜猜我的英语考了多少分？”听得出来，东东非常激动。

我知道他在小学阶段英语成绩比较弱，所以我稍微停顿了一下，说：

“首先，祝贺你进步啦！然后，让我想想……75分。”

“您再猜一下嘛！”他有点儿急切地、有点儿傲娇还有点撒娇地对我说。

“80分！”我提高了自己的音量，笑着说。

“87分……”我仿佛看到电话那头东东兴奋的神情。“我以前最多就考40多分，现在我给自己定了目标，我基础差，记不住，我就一遍一遍地背，有的单词我背了70多遍才背会……这是我第一次考87分！”

东东英语成绩的显著提升是老师、家长和孩子共同期待的可喜变化。对于这个变化，我们可能会归因于老师的教育、家长的支持、孩子的努力。但是，为什么有的孩子也具备了以上3个条件，却没有出现令人欣喜的变化？到底是什么原因，使像东东这类孩子能在学业上出现了我们期望的良好变化？这个转变的背后，是否隐藏着还不被大家知晓或重视的其他因素？

或许对潜藏因素的揭秘，将促使更多的孩子，也有可能呈现出同样令人欣喜的变化。

美国心理学家托尔曼提出，尽管内部认知过程无法直接观察，但通过分析可观察的行为，就能客观、科学地将其推断出来。为此，他通过老鼠走迷宫的实验，验证他的观点。

3.2 心理实验故事

潜伏学习

托尔曼设计了一款由14个单元的复合T形通道构成的迷宫。[①]每个单元中有一个封闭的终端（锁住的门）和可以通过的终端（没锁住的门）。老鼠进入迷宫后，在每个单元里都要选择可以通过的门，才能进入下一个单元。只有穿过14个单元，才能到达终点。

实验中，将老鼠分成3组，第一组命名为C组，即控制组（Control），第二组称为N组，是无

① Tolman, E. C (1948). Cogntive maps in rats and men. Psychological Review, 55,189-208.

奖赏组（No），第三组称为D组，即延迟奖赏组（Delay）。

C组的老鼠走迷宫时，在迷宫的出口处，有食物作为奖赏，每日如此。

N组的老鼠走迷宫时，时间和C组相同，但没有食物，而且在迷宫中的任何行为都不会受到奖赏。

D组的老鼠，在前10天和N组的待遇相同，但从第11天起，会在迷宫的出口处放食物作为奖励，而且此后每天都有。

实验者对老鼠犯错误的次数及通过迷宫的时间做了统计。结果发现：

N组和D组的老鼠，在没有得到任何奖励时，进步缓慢，而C组的老鼠学得很快，它们犯错误的次数和通过迷宫的时间迅速减少，在两周内就能达到几乎准确无误的程度。从第11天起，当D组的老鼠得到食物奖励时，它们的学习成绩突飞猛进，犯错误的次数和通过迷宫的时间也急剧减少，仅用3天的时间就学会了准确无误地走出迷宫。

对于这个实验结果，托尔曼认为，D组的老鼠在前10天的走迷宫练习中，与C组老鼠同样进行了学习，熟悉了可通过迷宫的路径，只不过在没有奖励的情况下，学习效果没有表现出来，一旦它们知道能够得到食物奖励时，就产生了学会走迷宫的动机，先前学习的效果也马上表现出来。所以，D组老鼠前10天的学习也被称为“潜伏学习”。

认知地图（认知结构）

实验前，首先让老鼠在迷宫中自由活动。迷宫内有3条路径可以达到食物箱，分别是路径A、路径B和路径C。其中，路径A最近，路径B次之，路径C最远，如图3.1所示。

经过几次训练后，老鼠发现了路径A是最近的一条路，因而纷纷选择这条路来获取食物。这时，实验者在堵塞点1的位置设置了障碍，使老鼠无法通过。老鼠发现路径A被堵住后，折返回来选择了路径B。对这种选择会有两种解释，一是老鼠对道路选择有习惯性，所以先选路径A，再选路径B，最后选路径C；二是老鼠对整个迷宫有一个整体概念，它知道路径B比路径C近，能更快地获得食物。因此，实验者将实验引向深入，在堵塞点2的位置

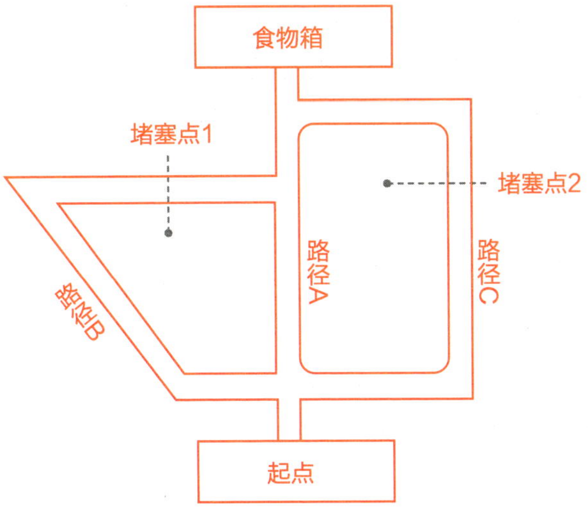

图3.1　迷宫示意图

也设置了障碍，让老鼠无法通过。检验在这种情况下，老鼠会如何选择？

路径A和路径B有一段通向目标的共同路径，如果老鼠对路径的选择是习惯性的，那么它在发现路径A被堵塞后，就应该折回，去走路径B，最后再选择路径C；但是，如果老鼠对整个迷宫的结构有一个整体认知的话，那它会发现当堵塞点2被堵住的话，就意味着路径A和路径B都不能到达食物箱，而路径C则是老鼠唯一的选择。

实验的结果令人惊异。当老鼠发现堵塞点2被堵住后，它返回原处避开了路径B，而直奔它最不乐意选择的、距离最长但却是唯一的通路——路径C。这个结果证明：老鼠不是根据盲目的习惯，依据途径的顺序而形成的机械的奔走习惯采取行动，而是根据对环境的整体认知，在脑海中形成的“认知地图”去行动的。

实验表明，老鼠的行为是有目的的。托尔曼认为，虽然面临一个新的学习情境时，刚开始其行为可能具有一定的盲目性，但是动物和人的大多数行为（包括学习方式等）都是有明确目的的。他还认为，动物和人类的行为都受到目的的指导，学习者在达到目的的过程中，会遇到各种环境条件，学习者必须“认知”这些条件，才能克服困难，达到目的。这种对环境条件的认知就是“认知地图”。具体而言，首先，确定行为目标，如老鼠由于饥饿需要得到食物，它确定的目标就是到达食物箱，获得食物；其次，明确实现目标的手段，确定达成目标的途径，对老鼠而言，就是怎样才能最快地得到食物，要选择哪条路径到达食物箱；其三，获得目标结果，就是老鼠最终得到食物。这个“目标—手段—途径—结果”的整个过程就是“认知地图”，也可以称为“认知结构”。

由此，托尔曼提出了他的认知目的说：学习就是形成S-O-R（刺激-中介变量-反应）之间的联结；个体行为具有目的性和认知性，它们是行为的内在决定因素；刺激通过学习者的内部状态引起行为反应。因此，学习者的内部状态是决定行为产生的最直接原因。

3.3　运用心理实验发现，分析教育中的问题

东东学业进步可能的潜在原因

老师、家长和孩子都期待，实现绿色回收站站长东东在学习英语中的喜人变化。那么，东东学业变化的潜在原因有哪些？这些原因背后的机制又是什么？对这些问题的追问和研究恰是学习理论关注的问题。

托尔曼的实验把认知主义的观点引入行为主义的学习联结理论，重视学习的中介过程，即认知过程的研究，强调学习的认知性和目的性。他提出的“潜伏学习”概念，或许是解释东东学业进步有别于：老师教得好、家长有助力、个人肯努力等原因之外更深层次的潜在因素。

人的学习存在外显和潜在两种模式。以往我们更多关注的是外显的学习模式，比如学校会根据课程标准和教学目标，为学生设置相应的学科课程，安排配套的作业，组织学业测试，用考试成绩评定学生当前的学习水平和学业能力。这些学习结果都是外在的、可观察的。当然，还有另外一部分知识，虽然没有在考试、测验中体现出来，但这些知识同样也是存在的，当客观环境需要时，可以被唤醒。对于这部分潜伏的知识，同样不能忽视，它与外显的知识一样，在人类认知中发挥着重要作用。我们的社会认知、规则掌

握、抽象概念等的形成，无一不受到潜伏学习的影响。

东东在“全心全意小社区”绿色环保大队回收站工作的一年中，很多个周五下午，那长达2～3小时、看似与知识学习无关的工作，其实质不单纯是岗位或技术工作，在对各类废品进行回收和整理，尤其是对废纸进行分类、精细化梳理的过程，训练的是耐心、细致和专注，磨砺的是做事的韧劲与执着。同时，在摸索与改进管理方式和招募成员，并不断拓展回收业务的过程中，人际交往与掌控全局能力，干好一件事的信念、信心、坚毅与执着等，被一次次地训练和强化。以上素质的锤炼，恰恰是在建设自我系统。

根据美国教育心理学家罗伯特·马扎诺的“教育目标新分类学”理论，自我系统作是统领元认知和认知系统的上位系统，它由态度、信念和情感的相互关系的排列构成。实际上，决定动机和注意力的是态度、信念和情感的互动，它能确定一个人是否会从事或离开某项给定的任务，也决定着个人投入到任务中的精力。一旦自我系统决定了所关注的事，在一定程度上也就限定或确定了其他元素的运作。研究表明，运用认知系统对学生理解和运用知识或技能可带来21%的增益，运用元认知系统的增益为26%，而自我系统的增益达27%。此外，教育心理学家班杜拉认为，教育的根本目标之一是使学生具备自我调节能力以实现自我教育。而自我教育不仅有助于课堂教学的成功，也有助于促进终身学习。[①]因此，无论是在理论知识的学习还是运动技能或其他技术的学习之前，建设好自我系统，能挖掘、释放一个人的内在能量，对提高学习效果将事半功倍。

潜伏学习和认知地图（认知结构）告诉我们，学习者的内部状态是影响学习行为和结果的关键因素。前文故事中讲述的东东的故事，以及像东东这类孩子，他们在某个阶段凸显出的学业能力的变化，其根源或更深层次的原因，或许更多的是在他们感兴趣的点上，积极且持续地投入，通过长时间的积淀，完成了心理上、思路上、意识上的多重准备，只是在当时结果并未凸显出来而已。但在他们努力地付出的过程中，综合能力尤其是思维品质、实践能力等都得到了储备式发展。此后，一旦契机出现，如东东升入中学后，他把全部的精力聚焦到了学业上，此前磨砺中形成

① 罗伯特·J. 马扎诺，约翰·S. 肯德尔，高凌飚，吴有昌，苏峻译. 教育目标的新分类学［M］. 教育科学出版社，2012：49，103.

的投入、执着、坚毅等非智力因素，转化为对待学习的积极态度、坚定信念和情感力量，促使学业迸发出不同以往的可喜变化。所以，静待花开有其理论基础，只是“花开”是有诸多前提条件的，也就是要有潜伏学习，去拓展认知地图，让认知结构得到发展。唯如此，静待才会有花开的结果。这也是为何有些孩子没有呈现出东东那样的可喜变化的潜在原因。

那么，怎样才能促进潜在学习的产生？如何才能拓展认知地图，发展认知结构，更好地促进内部状态发生变化？

3.4 促进孩子内部状态发生变化的策略

家长促进孩子内部发生变化的做法

家庭既是孩子的第一所学校也是他们终身学习的地方，家长作为孩子的启蒙老师，对孩子的成长与发展具有奠基意义。所以，“好妈妈胜过好老师”的命题才会被人们广为接受。不过，需要追问的是“怎样才能成为好妈妈？如何做才能成为好家长？”

第一，帮孩子树立这样的观念：自己的事情自己做，家里的事情分工做

我一向认为，即便是文盲，也得要生活。因此生活技能是孩子生活、发展必备的能力，而服务自我与他人最早的训练场就是家庭。回想一下，当我们打扫卫生、整理东西时，是不是需要一定的顺序？要想达到一定的效果，是不是需要一定的标准？在日复一日的重复性劳动中，是不是需要有一定的耐心和毅力？而高效、优质地完成一些家务，是不是一种组织与行为管理？举世闻名的伊顿公学，为何要人为地创造艰苦条件，并以课程的方式，让来自富豪家庭乃至皇室的孩子必须完成日常生活必备的各项劳动？如今生活条件越来越好，但生活必需的家庭技能帮孩子有计划地学、有指导地干已经越来越少，这是要反思的。我认为，孩子从小养成自己的事自己做，主动服务家庭成员，积极承担力所能及的家务劳动的意识与习惯，重视发展孩子的

劳动能力，在很大程度上，就是在拓宽孩子的认知地图，就是在进行潜伏学习。

需要特别提醒的是，家长需要在孩子初次表现出对家务活儿天然的好奇心，在孩子想尝试、愿参与的时候，要尽量多一点耐心和包容，满足孩子想动手的心理需求，不要嫌孩子添乱，不要嫌孩子干得慢或做得差；要尽量多给孩子一点方法指导，毕竟做任何事都是从不会开始，逐步学会的，关键是怎样学会干得好、做得巧的方法；要尽量多一点鼓励与赞美，大人、孩子都一样，喜欢好听的话。虽说高标准、严要求对高质量完成任务很重要，但对孩子还要看过程，所以标准应渐渐提高，只有这样，才能促进孩子更好地成长。同时，需要提前做好思想准备：当孩子表现出没有常性、好逸恶劳乃至偷奸耍滑等不良行为时，要明白这是人的劣根性，每个人都或多或少地存在，关键是要通过创造性的方法帮孩子战胜劣根性。因此，家长还要尽量多一点言传身教的带动，尽量多一些想方设法地调动，以促使孩子能通过切身体验，感悟“有付出才有收获”的道理。这种体验，多次重复，反复强化，能帮孩子建立“用心付出、坚持付出，才能带来更好的收获和更多的喜悦”的信念，这对培养健全人格，建设积极的自我系统，意义深远。

其实，学业能否逆袭，在智力因素正常的前提下，归根结底拼的是好习惯、好品质。学品如人品，人品促学品。教育归根结底是育人。所以需要家长格外注意的是，切勿使孩子养成错误的观念，比如，“孩子，你只需要管好学习，其他的事你都不用管。你只要把学习成绩搞好，什么活你都不用干”。

第二，对待孩子的表现，家长要有颗平常心，但要促使孩子坚持做好一件事

很多家长似乎经历了对孩子成长期望值逐步下调的过程。究其缘由，其实并非从孩子孕育时就有高期望，很多妈妈在产床上的祈祷，只是孩子健全、健康而已。但随着孩子一天天长大，自己的、家庭的乃至家族未曾实现的愿望，都期望能在孩子身上得到实现，期望值就不断提升。但随着孩子渐渐走出小家庭，不断融入社会大家庭，尤其是经历了幼儿园、小学、中学，在一路求学的过程中，当孩子的学习成绩不尽如人意，特别是孩子越来越逆

反时，家长的期望值就会一降再降。反思追问，需要特别提醒家长的是，摒弃攀比心，保持平常心，明确在孩子成长过程中，家长的重要责任不是把自己没实现的愿望都寄托到孩子身上，而是要努力建设更好的自己，以身作则，给孩子做榜样，以行动建设家庭学习共同体，让自己理性面对孩子成长中的各类问题。建设自己，能帮助家长保持平常心，这是让孩子更好成长的基础条件。主动学习、积极建设自己的家长，还能帮孩子树立主动突破意识。此外，要有意识地帮孩子坚持做好一件事。

当然，理想的状态是，孩子能多年如一日地做好一件事，才能拥有更多的历练，潜伏学习的效果会更好。而理想状态地实现，需要把多年要做好的事儿，分解到年、月、日，落实到每一天。当家长能从人生的角度，审视做好一件事的价值，就会有更高远的视野，面对、处理、解决成长中的问题时，就能找到情绪、评价和做法上的好办法。家长的格局和观念的突破，对孩子更好地发展，影响非同一般。

第三，在孩子成长过程中，尽可能创造丰富的心灵体验场

我们常说，读万卷书，行万里路。这个观点表明，认知与实践需相辅相成，知行统一才能促进更好地发展。有人说，读万卷书需行万里路，行万里路还需阅人无数，阅人无数仍需高人点悟。我认为应该加上：有高人点悟，也需个人不懈努力。从脑科学的角度分析，新异鲜活的刺激，能促进脑细胞活跃，促进大脑发育和认知发展。从经验积累的角度思考，他人的经验再好，自己不亲自体验，也难纳入自我的经验体系。所以，丰富的实践体验，是滋养心灵的沃土，是潜在学习的训练场，是拓宽认知地图疆域的必由路。

老师促进学生内部状态发生变化的策略

第一，创设问题情境

想方设法地把学生带入一种问题情境，引发认知冲突，促使学生产生好奇、探索、理解等的认知需求，促进学生的兴趣点、注意力聚焦到课堂上，

产生解决问题的内在自觉倾向，激发学生的求知欲。

第二，学习目标适度

学习目标既要适合孩子现有的发展水平，又要具有一定的挑战性，使他们通过努力可以达到。同时，要通过目标的分层分解、多样的组织方式、及时的评价反馈等，激发与维持学生的学习动机，防止目标太高或太低，导致学习兴奋点缺失或消减。

第三，激发内在动力

学生作为主动发展的个体，本身就有一定的学习愿望。其实，当人的认知地图与环境产生冲突时，人总是要主动调整自己的行为以适应环境的变化，学习也是一样的。学习中，由于生活经验、学习经验、原有知识与现实情况、新知识之间总是不断地发生冲突，为了解决冲突，适应环境，掌握新知，学生需要不断地调整自己的行为。在教学中，老师要重视学生的好奇心、保护他们的求知欲、发展他们的主动性，创造安全、宽松、民主的学习环境，教学组织方式要尊重他们的兴趣和需求。

第四，加强有效输出

按照认知加工理论的逻辑，学习是“知识输入→认知加工→知识输出”的过程，所以单纯的听讲式的学习方式，每个学生对知识的加工过程并不一定是完整的，因而内部的工作状态也可能大相径庭。为此，重视、强调和加强完整的学习过程的训练，对促进内部状态的发生与发展至关重要。所以，课堂上通过小组合作，能尽量多地增加单个学生输出的机会，学生能讲、会讲的内容让学生展示、分享，能促使更多的学生、更好地呈现完整的认知加工过程。从学习针对性的角度来说，让学生自己说出来，将迫使学生因必须呈现知识输出的环节，从而倒逼他们，必须先要保证“知识输入”和“认知加工”两个环节的完成和质量。当然，加强有效输出还需要重视输出方法的训练，而这一点，则是在解决学生内部加工存在的粗放、随意或零碎等问题，使内部状态在注意力上趋于聚焦、集中，在思维品质上由内隐变为外显，在表述能力上由不行、差不多走向追求说得出、说得对和说得好的过程。

当然，教师在课堂内外促进孩子内部状态发生积极变化的路径和方式难以穷尽，关键是站在健康发展的角度审视、追问，优选、创造真正适合孩子的做法。教育是大爱的事业，教师是灵魂的工程师，学生常常因为喜欢某个老师，从而爱学这位老师教的课。调查显示，良好的师生关系在学生眼中位居“优质教育”影响因素的第一位。所以，促进学生内部状态向好、向上、向美的方向发展，教师具有难以替代的积极作用，这一点对越小的孩子来说，潜在作用越大。反之，若做得不好，对孩子的伤害也就越大。所以，教师用心完善自己的人格，努力精进自己的专业，深度研究学生的特点，才能不断提高自己的教学艺术，才能有效拓展孩子的认知地图。

4 安全与发展：爱的能力

4.1　孩子不当行为背后隐藏着什么问题

从上幼儿园起，孩子就一点点地踏入社会，小学、中学、大学……逐步完成社会化过程。在孩子成人、成才的道路上，家庭起着奠基作用，学校起着关键作用。孩子是联结家庭与学校的纽带，而问题孩子常常迫使家校间的连接更紧密。家长和老师为解决孩子的问题，更多的是结成发展共同体，家校合作，帮孩子战胜重重困难，跨越成长中的一个又一个坎儿。但令人悲哀、不可回避的是，极个别的情况也时常出现，家长和老师像仇人一样，孩子是双方矛盾冲突的导火索，稍有不慎，冲突就会在校园内外爆发。哎，随着家长和老师间矛盾的升级，不仅对孩子来说是一场灾难，对家长和老师而言也都是噩梦。

家长大闹老师办公室

寒假后，开学没几周，一天下午，风的妈妈在他班主任雷老师的办公室就再次发飙，指着老师的鼻子破口大骂，抱怨班主任对自己的儿子态度冰冷，没有给予孩子负责任的关爱，师德败坏……

风妈妈的行为给班主任在校内外造成很不好的影响。对此，班主任雷老师极为生气。她找到校长气愤地表示，这个班只要有这个学生在，她就换班或辞职。她实在受不了如此蛮不讲理的家长，也受不了上课管不住自己，不会和同学交往，总惹是生非、习惯特别差的孩子。

风是小学二年级的学生。从上小学一年级起，他就表现出轻度的多动症问题。课上注意力不集中，无法控制自己；有时正上着课，他会在教室里自由走动，或是趴在凳子上或是钻到桌子底下；他和班里的同学也玩不到一起，还常因为随意动手招惹别的孩子，多次被同学打过；在小困难或小挫折面前，他不能独立面对，爱哭，习惯于依赖家长。

起初，针对风的不良行为，从教十多年的班主任雷老师主动找家长沟通，期望家校配合，帮孩子改掉坏毛掉，逐步建立好习惯。但风的家长很忙，爸爸因工作原因，常年在外；妈妈长期一个人边工作边带着他，而且事业小有成就，工作特别繁忙。所以，从风一上学，就被托管到了午托班。早上，风妈妈把他送到学校后就直接上班了；中午放学后，午托班的老师把风接走，他在午托班午餐和午休；下午放学后，风再到午托班，直到傍晚妈妈下班后把接他回家。所以，班主任期望家校合作，解决风的不良行为的想法没能实现。

雷老师抱怨家长，既不能正视自己孩子的缺点又对孩子期望值过高，还不理解和配合自己的工作。同时，她自认为对风这个孩子很照顾，甚至多过全班其他任何一个孩子，可她非但没得到家长的理解和支持，反过来竟然被家长指着鼻子臭骂，以及多次电话骚扰……这让自己很受伤，甚至常感到风妈妈的脸在自己的脑海里挥之不去，因此不愿意再和风妈妈这样不讲理的人沟通和见面。

相信，哪位老师遇到这样的学生和家长都会感到特别棘手……而要从根子上解决问题，必须得摸清楚矛盾产生的根源，必须得查清楚导致孩子不良行为的症结究竟是什么，唯有找到了病根，抓住了本质，才有可能彻底治愈，否则就只能是隔靴搔痒，难有成效。

风这类孩子，他们不良行为的背后究竟隐藏着什么问题?

请看完下面的心理实验故事，我们再慢慢剖析。

4.2 心理实验故事

爱的发现

发展心理学家亨利·哈洛（Harry Harlow，1906—1981）博士，被公认为是自弗洛伊德之后，在研究早期经验对成年的影响方面做出巨大贡献的心理学家。他用猴子做的依恋实验，通过观察和研究幼猴对铁丝母猴和布母猴的依恋活动和关系，证明了婴儿早期的依恋对其以后的心理调适的重要性。[①]

情感仅仅来自食物吗？

哈洛及其助手设计了两只不同的代理母猴。一只是铁丝母猴，它的身体由铁丝网编成，胸前装了一个奶瓶，能够给幼猴哺乳，它的体内还装了一个灯泡提供热量。另一只是布母猴，它的身体由木头制成，身上裹着厚厚的海绵和毛织物，体内装了一个供暖灯泡，能给幼猴提供一个温暖舒适的环境，它的胸前同样也装了一个奶瓶，能给幼猴哺乳。

实验中，哈洛把8只幼猴随机分成2组，一组由铁丝母猴喂养，另一组由布母猴喂养。幼猴和代理母猴放在相通的房间里。哈洛花了5个月的时间，观察和记录幼猴和两位代理妈妈相处的时间。结果发现，幼猴和布母猴相处的时间远远超过了铁丝母猴，即便是铁丝母猴喂养的幼猴也是这样，只有吃奶的时候，幼猴才迫不得已离开布母猴。

在接下来的实验中，哈洛特意在笼子里放置了一些令幼猴害怕的东西，如玩具熊等，观察幼猴的反应。幼猴看到那些令它害怕的东西后，飞快地跑向布母猴，紧紧地拽着它，寻求安慰和保护。

在陌生环境的实验阶段，哈洛又将幼猴放置在一间陌生的小房间里，里面放了许多物品。哈洛分别安排了3种不同的情境，观察幼猴的反应。一是布母猴在房间里，二是铁丝母猴在房间里，三是两者都不在。结果发现，

① Harlow, H. F. (1958). The nature of love. American Psychologist, 13. 673-685.

当布母猴在场时，幼猴会立刻扑到猴妈妈的身上，用身体蹭她。过了一会儿，幼猴开始尝试触碰房间里的物品，然后又迅速返回猴妈妈身边，如此循环往复。但是，当铁丝母猴在场或两者都不在时，幼猴就变得焦虑不安，非常害怕和恐惧，与布母猴在场时形成了鲜明的对比。

爱不仅仅是提供食物，更需要温暖的、无条件的、源源不断的抚慰和触摸

哈洛的实验证明，对于幼猴来说，虽然铁丝母猴和布母猴一样能提供食物，但却无法提供幼猴成长所需要的安全、温暖的环境，无法给予幼猴接触和安抚。当幼猴感到紧张、害怕时，它会第一时间扑向布母猴寻求保护，在陌生的环境里，它也会把布母猴当作安全基地，以她为中心向外探索陌生的世界，然后再回到母亲的怀抱。由此可见，对幼猴来说，接触安慰才是依恋形成的主要因素。

哈洛的研究发现与当时主流的行为主义的观点截然相反。他挑战了行为主义理论坚持的“母婴关系发展的动力是喂养行为所导致的强化”，而将接触安慰的需要作为依恋关系形成的主要因素。正如哈洛所说，“作为一个感情变量的哺乳行为，其主要功能是确保婴儿与母亲之间经常发生亲密的身体接触。而人是不能仅仅依靠乳汁来生活的”。他进而指出，成功养育的关键是接触抚慰，而不仅仅是妇女的哺乳行为，男性也能在养育婴儿方面起到相同的作用。或许，这一观点在当下已被社会广为接受，但在1958年他写这篇报告时，简直如同一场革命。

哈洛的依恋实验引发了人们对母子依恋关系形成的深度思考，更影响了早期幼儿养育方式的变革。成功养育的关键是接触与安抚。因此，在孩子出生后，不仅要给予物质的满足，同时还要经常给予爱的抚慰和触摸。来自母亲温暖的、无条件的、源源不断的爱与接触，不仅能满足孩子成长过程中安全的需要，也有助于整个生命的社会性发展。

安全型依恋的建立对孩子影响深远

加拿大心理学家安斯沃斯等人在哈洛依恋实验的基础上进一步研究，将婴儿与母亲之间的依恋关系进行了分类，即安全型、回避型与矛盾型。

最理想的是安全型依恋。在这种关系中，婴儿是主动、胜任的探索者，他以母亲为安全基地，探索周围的一切，并尝试所学到的新技能。当母亲离开时，婴儿会感到焦虑，但母亲回来后，他们会很快恢复平静。在这种关系里，婴儿显得更自信，更大胆，因为他们相信在自己需要时母亲会及时出现。

在回避型的依恋关系中，婴儿会回避和母亲的亲密接触，与母亲分离时焦虑不明显。这种关系表面上好像婴儿的独立性很强，不需要时刻与母亲保持接触，但实质上是一种情感冷漠，不利于婴儿的社会化发展。婴儿回避与他人的亲密接触，常常是由于在与母亲的相互作用中遭到拒绝和挫折，或者由于频繁更换看护者，无法形成固定的感情联系。

在矛盾型的依恋关系中，婴儿与母亲分离时感到非常困难，但母亲回来后又表现出矛盾情绪，既亲近又拒绝，对母亲表现出不信任。这种依恋关系，婴儿虽然非常需要母亲，但是对母亲又不能建立充分的信任，所以情绪不稳定，常常是焦虑的。

安全依恋关系对一个人的身心发展起着积极和健康的作用，其影响远远超出了家庭的小圈子。安全感水平低的孩子，在陌生情境中更容易感到焦虑，对陌生环境有更多的恐惧和焦虑倾向，不敢大胆地去尝试，而且对自己信心不足。一个经常焦虑的孩子，无论在生理上还是心理上发展都会受到阻碍。另外，安全的依恋关系对于成人之后与他人建立亲密关系至关重要。一般来说，儿童期具有安全型依恋的孩子在成人期也容易与亲密关系伙伴形成安全型依恋。当儿童了解到父母是可靠的，他们就会形成最基本的信任，并且会将这种信任延伸到其他人身上，这种信任决定了个体未来与他人交往的质量。所以，爱的需要从一出生就已存在。

4.3 运用心理技术干预，分析解决教育问题

第一次心理干预：用绘画的方式了解风的情况

心理辅导团队的老师介入了风的问题的干预。考虑到家长和老师之间的矛盾，干预的切入点是从孩子这个问题源开始的。[①]

心理辅导老师第一次见到风，眼前站的是个脸上、身上脏兮兮且衣服不整齐的男孩子，跟他说话时，他的目光不时地游离，注意力很不集中，所以和风的沟通并不顺利。针对风的实际情况，辅导老师采用了绘画艺术疗法，请孩子画“房、树、人”和“家庭动态图”。

风的画，“房子”整体结构稳固，但窗户有方有圆，表明现实生活与理想生活不一致；他画的“树”没有果实，表明他还没有设立可实现的目标，对自己评价不高，没什么要求；他画的“人”没有耳朵，投射出他可能不善于倾听，听不进别人的意见或建议；他画的“手”很突出，反映出他的行动力较强或是习惯用手触碰或动手能力相对较强。风画的“家庭动态图”中他和妈妈在一边吃饭一边看电视，不过画的是他们俩的背影，从画上看，孩子更像是妈妈的陪伴者，不过，家庭图中没有出现爸爸的身影。

通过和风聊他的作品，了解了风“眼中的世界”，发现：对于“家庭”，爸爸妈妈很疼爱自己，但爸爸很少在家，几个月才能见上一面，他很想爸爸；妈妈工作很忙，对自己很好，所以风喜欢待在家里，最喜欢周末妈妈带自己出去玩儿。对于“学校”，他不喜欢班主任，喜欢美术老师；他在班里几乎没有朋友，和同学的关系处得不好，总是遭到班上3个“坏孩子”的欺负。对于“社会”，尽管在午托班里有个朋友，但吃得不好，而且和午托班的孩子关系也不好，所以他不想待在午托班。

① 这里的心理辅导团队，是指当时我担任心理健康教育教研员时组建的团队，是郑州市金水区教体局教育发展研究中心所辖学校专职心理骨干教师组成的团队。承担这次干预任务的当时在郑州76中任心理老师的付晓楠。

第二次心理干预：用孩子的画作桥梁，帮风的家长意识到孩子行为问题的潜在根源

第一次对家长的干预，辅导老师看到是穿着入时但沟通中频繁地接打电话，且觉察到情绪上抵触感较强的风的妈妈。或许风的妈妈误认为面前的心理辅导老师是班主任的说客，所以谈话推进过程缓慢。因此，很快辅导老师就把风的3幅画拿出来，请他妈妈看孩子的画，请她感悟孩子的世界，并一点点地分析孩子的心理，和她一起走近孩子眼中的世界。看到儿子的画，风的妈妈很惊讶，陷入了深思，渐渐地，她的抵触感被无助感所取代，她开始主动叙述，变成了一个渴望被关注、期望被理解和寻求被支持的无助的女人。随着谈话地深入，她向辅导老师叙述了她和孩子的故事。

风的妈妈从小比较独立、懂事，早早地就撑起了家。因父母过世早，她自己勤工俭学，承担起养家和供弟弟读书的重担。她曾在乡下当过3～4年教师，其实对老师是比较尊重的。后来，她离开家乡到省会闯荡。当她把自己娘家的事都基本安顿妥当以后，才想起了自己。她结婚较晚，要孩子也晚。风的爸爸比她小3岁，两个人的关系一般，她曾为了家庭和孩子放弃过事业，因为经济压力等问题，丈夫对她在家不上班很不高兴，他们曾经闹过离婚。孩子大了点后，她再次外出打拼。因为儿子的问题，她和班主任发生过几次正面冲突，为此她很苦恼，在孩子的教育问题上她感到很棘手、很无助，因而很烦闷。

辅导老师耐心地倾听风妈妈的倾诉，通过换位思考和细致分析，赢得了她的信任。整个干预过程，使她意识到：家长的言谈举止和行为习惯，都会深深地影响着自己的孩子。孩子所有的行为习惯，大都是从父母或养育者那里习得的。孩子出现的问题，根源在家长，想让孩子改变，家长得先改变。比如，风的妈妈在面对孩子迟到的问题上，常说："孩子晚上休息的晚，早上起不来是正常的事"。因为她的这种态度，导致风对迟到是不以为然的，认为"迟到就迟到吧，没事儿"。又比如，因为妈妈工作繁忙，对孩子缺乏足够的关注，结果孩子衣服经常很脏，有时拉链坏着，有时扣子掉了，而且脸上也总是脏乎乎的。再比如，因为妈妈觉得父母对风陪伴得少，有较强的

亏欠感，所以面对孩子这样那样的问题，常常采取迁就乃至溺爱的方式，甚至希望别人也像自己一样迁就孩子，可并没有及时地给孩子真正所需要的爱。

这次干预促使风的妈妈开始反思，并已经意识到孩子的问题根源在家庭，症结在自己。她对主动找老师和解产生了内在需求，且表达了这个意愿。

第三至第六次心理干预：从根源上解决孩子的问题，需要家长、老师理性施爱

教育是复杂的，因为引发教育问题的因素和表现是复杂的。所以解决孩子的问题需要艰苦、长期和创造性的劳动。

辅导老师在对风和他的妈妈进行干预后，开始和其他科任老师进行沟通。通过和孩子喜欢的美术老师及数学老师沟通发现，风确实存在多动问题，缺乏自我约束，基本上无法正常上课。在这两位老师眼中，风的妈妈是个爱推卸责任的人，班主任是个称职的老师，但她的脾气比较倔，而且喜欢听好话。

随后，辅导老师和风的班主任老师进行了沟通。沟通中发现，30岁的雷老师性格温和，不会大吵大闹，确实是个认真负责的称职的老师。但家长的破口大骂给这位老师造成了巨大的心理伤害，谈到要和风的妈妈见面，雷老师控制不住地浑身发抖，表现出强烈的抗拒感。针对雷老师的反应，辅导老师采取了暂时搁置、延时处理的方式。第二次和雷老师见面，辅导老师采用意向对话方式，通过引导雷老师“放松、想象、分析”等环节，雷老师的情绪宣泄得非常迅速，也非常充分，她渐渐地感觉到舒服了。以前那种只要一想起风的妈妈，就出现的“风妈妈的脸在自己的脑海中挥之不去”的感觉消失了，提起和风的妈妈见面，也不再出现明显的抗拒感了。

班主任的心理问题解决后，辅导老师第二次约见了风的妈妈。这次见面，一开始风的妈妈依旧不依不饶地叙述雷老师的过错。因为当时是在办公室谈话，还有别的老师在场，这也反映了风的妈妈有较强的自我防御感。当进入到顺利沟通阶段时，辅导老师表达了刚开始时，她给自己的感觉：比较

强势，貌似态度很强硬……经过分析，风的妈妈意识到了自己的问题：当有陌生人在场时，她不愿展现出自己柔弱的一面，因此，她给雷老师的感觉是比较强势的。但雷老师则比较容易接受他人柔软的一面，因此，她们就在心理错位中引发了一系列误会。在这种状态下，又因为各自采取了对方所不能接受的做法而导致矛盾升级。通过深入分析，风的妈妈清楚地知道了问题所在，表示愿意且迫切希望和雷老师当面谈谈，还表示自己要深刻表达对雷老师的歉意，积极消除误会，化解矛盾。

辅导老师经过一个月的协调，老师、家长都双方愿意坐下来，通过沟通化解矛盾，尤其是风的妈妈，表现得很想和雷老师沟通；风的爸爸表示孩子做得不好，全是家长的错，当然他也抱怨孩子妈妈照看孩子时间太少；雷老师也向风的妈妈表达了不满，并表达了希望家长注意的问题和期待家长做的事情。

针对风的问题的辅导结束后，辅导老师对这类问题进行了反思：第一，针对风的问题，家长和老师，双方从水火不容到能够平心静气地坐下来，以沟通的方式解决问题，应该说双方都有了很大的进步。但客观地说，双方各自都还存在一些问题，如老师自身性格的敏感和选择的偏好，以及在面对问题学生上，非专业的教育策略导致教育效果低效、无效等；再如，家长人格深处的偏狭、家庭建设的潜在问题等，都深深地影响着孩子，需要老师和家长追问和深思，无论是老师和家长，建设更好的自己，是终身不能忽略的大事；第二，针对问题孩子的行为，家长更需要明白：问题表现在孩子那里，但根源在自己身上，因此家长严格要求自己，努力给孩子做出榜样，才是规范和培养孩子良好行为习惯的根本。

4.4　个案问题解决带来的启发

风的问题在心理辅导老师的干预下，结果是朝向积极的方向发展的。但回到问题的本源上，究竟该如何从源头上分析和更彻底地解决这类行为问题呢？在这个过程中，依恋实验又能带给我们哪些启发？

通过前文分析，风的妈妈意识到自己需要给孩子更多的陪伴，这是在重建或弥补依恋关系。其实，相比猴子来说，人类依恋关系的发展进程要缓慢得多。有研究表面，6个月大的婴儿的依恋水平大约只相当于刚出生几天的幼猴，而大约仅有70%的孩子在1岁的时候，才与成人照料者形成了安全的依恋关系。其实，风在自我控制和与他人交往中出现的行为问题，暴露出他在接触、联结等依恋方面的问题。或许，风的妈妈已经意识到了，她在某种程度上就像铁丝母猴那样，虽然给了孩子“奶”吃（提供了物质支持），但并没给孩子足够的陪伴、关注和支持。孩子因为缺少爸爸尤其是妈妈爱的温暖、陪伴与抚慰，导致产生了一系列行为上的问题，而在处理这些问题时，因为方法失当，又引发了不同层面的其他方面的矛盾、冲突，导致焦虑程度不断升级，心理困扰日益加剧。所以，孩子的养育者特别是父母，努力成为布母猴，避免成为铁丝母猴，才是解决风这类孩子行为问题的根本。

5 规划人生：明确目标

5.1 家长为啥被煎熬？孩子为啥缺乏内动力？

2016年之前，我的工作重心主要在小学，在与小学生接触的过程中，清晰地感受到小孩子也有很多烦恼。如何帮他们战胜烦恼？对此，我曾专门进行了研究。研究成果的转化，一是2003～2006年在河南团省委主办的《青年导报·少先队专刊》中创办了专栏“小星星信箱”；二是将专栏文章结集成册，2007年出版了《说出你的烦恼》（上、下）。2016年，我从河南省郑州市金水区辞职，来到了宁夏，携手创办银川三沙源上游学校。因为三沙源上游学校是一所完全中学，所以从那年夏天起，我开始大量地接触初、高中学生，同时也和他们的家长频繁互动。相比较小学阶段，初、高中因有中、高考的升学压力，加之青春期剧烈的身心冲突，加之烦恼在时间上的累积与叠加，一些孩子的烦恼逐步发展成为心理障碍，个别孩子还产生了比较严重的心理疾病。

在这里，我们不讨论属于心理疾病范畴的问题，单纯分析仍处在烦恼中的问题。我认为，烦恼处于健康与不健康的中间地带。如果有效地解决了烦恼，且从中提炼出解决办法，进而提高自主且及时检测烦恼的自觉意识，掌握识别与调控烦恼的基本方法，就能在很大程度上避免或防范心理状态由亚健康滑向不健康，即起到防患于未然的积极效果。

厌学、网瘾、早恋等问题，或许是处于心理纠结或情绪在剧烈冲突中的青少年的典型的外在表现。而有这些行为问题的孩子的家长，大都深受煎熬。他们不是长吁短叹就是以泪洗面，甚至有的家长哀叹：“这辈子最没有尊严的，就是要看儿子的脸色说话。”“有时，我觉得这个孩子就是来讨债的，我真的是拿他一点儿办法都没有。”而脑门上被贴着各种标签的孩子中，最尴尬的或许是学业上仍有希望，但老师、家长乃至连孩子都认为“自己没动力”的一类孩子。

对此，我们不禁要追问：

为何家长会感觉如此煎熬？

怎样做才能唤醒、激发和维持孩子自觉向上的内动力？

高中生X为何离家出走

2016年7月招生时，我曾经接待过一位高中生X和他的家长。当时，有好几个孩子的家长向我咨询上游学校的情况。经沟通，X和他的父母因认同上游学校的教育理念，从而选择了我们学校。那年国庆后的一个周六的下午，当时我正带着上游学校高一留宿的孩子在附近的公园参加活动，意外接到了X爸爸的电话，他一是询问我们学校是否还有学位，可否把X转到我们上游学校就读？二是希望我能跟孩子聊一聊，因为孩子不仅学习没动力而且和老师、家长都发生了矛盾。直到这时我才知道，X的父母当时觉得上游学校其他孩子的中考成绩比他家孩子低了很多，所以就从我们学校退费而到其他学校报名了。尽管X不是我们学校的学生，但面对家长的求助，尤其是得知孩子在高中起始阶段就遇到成长挑战，遭遇发展危机，我向家长表示：虽然我们学校已没有学位，无法让孩子转到上游学校就读，但是我愿意尝试去帮助他们分析和解决问题，并对孩子进行心理调适。最后我们约定，次日下午当面沟通。

对于孩子的问题，一直以来，我都秉持无条件服务的原则。我常想，能有机会介入一个孩子的成长过程，还能在其中起到一点点助力作用，何其幸运！我认为，它既能丰富我的人生体验，更能促使我体悟生命成长的价值与意义，是功德无量的事。当然，因为深知成长具有不可逆性，所以每次接待来访者，每次面对中小学生，我都心怀敬畏。

第二天下午，我在办公室等候X和他的父母。但约定的时间过了，还没见到他们，我就给X的爸爸打电话询问。沟通后，得知他们就快到了。比约定时间迟了十多分钟，X的爸爸和妈妈一起走进了我的办公室，但没见到孩子。与以往不同的是，这次X的爸爸不像暑期咨询时那样侃侃而谈，甚至主导着对话的节奏，向我抛出一个又一个犀利的问题，而是坐在沙发上，低着头，表情凝重，一言不发。X的妈妈则向我倾诉着，孩子在开学后发生的一件又一件的事儿：在学校，X因作业问题和一位考试科目的老师产生了误会，但当孩子解释时，老师在表情、语言等方面表现出了对孩子的不相信，导致师生间发生矛盾。孩子觉得那位老师很不尊重、也很不信任自己，所以他越来越不喜欢那位老师，也越来越不喜欢上那位老师的课，学习成绩持续下降。为此，妈妈特别着急。为了帮孩子，妈妈自学孩子的课本，晚上给孩子讲题，补他在学校不喜欢上的课，还跟他一起做题。因为孩子的作业很多，加上要补这门课，导致写作业的时间特别紧张。因为赶作业，孩子的作业写得越来越差，不断地被各科老师批评，孩子的妈妈也被班主任电话约谈，要求家长配合老师。因为作业老是被批评，学习成绩持续下滑，师生关系紧张等一系列问题，孩子的状态越来越差，每天都黑着脸，看不到一丝喜悦和兴奋；因为孩子的成绩越来越差、学习状态越来越不好，爸爸妈妈也越来越犯愁，尤其是妈妈也越来越焦虑，每天晚上都睡不好觉；因为特别希望孩子能恢复从前的状态，能自觉地学习，能认真地完成各科作业，妈妈越来越想跟进督促和管控孩子，为此母子之间的矛盾冲突日益频繁，家里的气氛也越来越紧张、越来越压抑，母子之间的战争随时都可能爆发……妈妈觉得自己简直要崩溃了。

昨天晚上，孩子提出要参加同学聚会，但妈妈看了他的作业，感觉写得很不认真，就要求孩子必须认真修改，要经妈妈检查合格后才能出门。妈妈的决定遭到孩子的强烈反对。孩子说聚会约定了时间，不想迟到，所以不改……两个人各持己见，互不让步，结果，母子二人从晚上7点多吵到8点多，俩人的怒气都越来越大，最终妈妈火了，说改不好作业就别想出门，孩子听到这话，狠狠地瞪了妈妈片刻后，摔门而去……妈妈哭着、说着，哭着、说着，非常伤心。爸爸两手交叠，垂在双膝处，头深埋在两腿间，背上仿佛压了几座大山，异常沉重，仿佛就要把他压垮了。离家出走的X，在同学家过了一夜，上午已经和家长取得了联系，中午也回了家，但孩子拒绝和父母一起来找我当面沟通。所以，原本说好的一家三口和我当面聊的计划也就流产了。

高中生Y模糊的向上意识

金秋时节，我接到了高三一位班主任的信息，他截屏了和一位家长的微信对话，孩子的家长坚持让我和她家孩子沟通一下，期望我能够给孩子一点压力，以便解决孩子经常不上课的问题。

经过和班主任沟通，我进一步了解到：孩子在开学后的三周里，多次以胃疼、肚子疼为理由躺在宿舍不上课，而班主任从辅导员那里得知，孩子认为自己身体不适的情况，校医认为问题不大。班主任觉得孩子没有表现出高三学生应有的冲刺状态，不够努力，不愿吃苦，太过娇气。同时，班主任还觉得这个孩子能力不差，潜力很大，关键是内驱力基本没有。

掌握了孩子的大致情况后，第一次我和孩子进行了45分钟的沟通。

看着坐在我面前的清秀的女孩，我先简单做了自我介绍，也请孩子做自我介绍。之后，我们很快进入正题。我问她，“你妈妈希望我跟你聊聊，你觉得大概是什么原因？让她产生了这样的想法。”

“没有学习的动力！”（看来妈妈和孩子对这次我们面谈的问题，已有过沟通）

听了孩子的回答，我忍不住追问：“我很好奇，你是如何得出‘没动力’这个结论的？”

孩子看着我，说：“就是觉得学习没劲……”

在沟通中我了解到，她想上“好大学”，但好大学对她而言是“学风好，积极向上”的大学；至于要上哪一所或哪几所“好大学”她没想过；而对到哪儿上“好大学”她也没想过。我引导她，通过多维分析，她觉得自己可能会从“城市”这个点上选择大学，她想到“大城市”上大学，而对“大城市”的定位是“繁华”“经济发达”；而对于怎样才能上“好大学”，她觉得要“努力”，但对于怎么做才算是“努力”？她也没深入思考过。

两个高中孩子以及他（她）们的家长究竟是在哪些环节上出了问题？

孩子成长中的问题大多比较复杂，可归为“多因一果”类。也就是，由于多种原因导致出现了我们看到的、凸显的行为结果。那如何才能抓住矛盾的主要方面，利用牵一发而动全身的“牛鼻子”去解决问题？或许下面的心理研究故事能带给我们积极的启示。

5.2 心理研究故事

与前四个故事不同，下面要讲的两个“心理故事”并非实验研究。其中，已有学者（任占忠）对第一个心理故事，即“哈佛大学人生目标跟踪研究”的结论提出了质疑。[①]他认为，随着职业环境的急剧变化，要在激烈的职场竞争中求发展，职业适应力是比职业规划力更重要且更具决定性的能力。我认为，马扎诺的“教育目标新分类学”的研究成果——基于思维的“自我系统、元认知系统和认知系统”的目标系统理论[②]，能将哈佛大学人生目标跟踪研究与国内学者质疑的观点统整起来。同时，还能回应此前很多难以说清楚的客观现象，诸如在学校表现良好但走向社会后发展却不尽如人意等普遍现象背后的潜在原因。

“自我系统”乃至“元认知系统”的建设高于“认知系统”，而此前，前两者被定义为非智力因素。从智力与非智力因素的视角审视，马扎诺的目标系统理论，则将非智力与智力因素有机整合。用这套理论来分析和解释个体的发展，更有说服力。

第一个心理故事：哈佛大学人生目标跟踪研究

1970年，哈佛大学对毕业生进行了一次有关人生目标的调查。调查对象是一群智力、学历、环境等条件差不多的年轻人。调查结果发现：27%的人没有目标；60%的人目标模糊；10%的人有清晰但

① 任占忠. 质疑哈佛人生目标调查［J］. 中国大学生就业，2011（10）：34-36.

② 罗伯特·J. 马扎诺，约翰·S. 肯德尔，高凌飚，吴有昌，苏峻译. 教育目标的新分类学［M］. 教育科学出版社，2012：11.

比较短暂的目标；3%的人有清晰且长期的目标。经过长达25年的跟踪，结果发现：

（1）那3%有清晰且长期目标的人，25年来都不曾更改过自己的人生目标，他们始终朝着同一方向不懈努力，25年后他们几乎都成了社会各界的顶尖成功人士，其中不乏白手创业者、行业领袖、社会精英。

（2）那10%有清晰但目标比较短暂的人，大都生活在社会的中上层，他们的共同特点是：短期目标不断被达成，状态稳步上升，成为各行各业不可或缺的专业人士，如律师、医生、工程师、高级主管等。

（3）而那60%目标模糊的人，几乎都生活在社会的中下层，他们能安稳地生活与工作，但没有特别的成绩。

（4）剩下27%没有人生目标的人，几乎都生活在社会的最底层，他们的生活过得都不如意，常常失业，并且抱怨他人，抱怨社会，抱怨世界。①

调查者因此得出结论：目标对人生有巨大的导向性作用。

第二个心理故事：教育目标新分类学的研究

对目标的研究，一直以来都是教育心理学领域持续关注的课题。

布卢姆对目标研究的贡献

1956年，美国专家布卢姆主编出版了《教育目标分类学，教育目标的分类方法，第一分册：认知领域》。②该手册通常被称为“布卢姆分类法”，以表达对主编布卢姆的尊重。该分类法的目的在于开发了一套编码系统，让教育者能据此设计具有层级结构的学习目标。该分类法至今仍在教育和心理学领域发挥着作用，并被誉为过去半个世纪里最有影响的教育专著之一。

布卢姆分类法最常见的表述是认知过程的六个水平，即：知识、理解、应用、分析、综合、评价。在教育实践中，布卢姆分类法既有影响也受到一些严厉的批评，最常见的批评是认为该方法对思

① 转引自：任占忠．质疑哈佛人生目标调查［J］．中国大学生就业，2011（10）：34-36.

② Bloom, B.S, Engelhart, M.D, Furst, E.J, Hill, W. H, & Krathwohl, D. R. (Eds). (1956), *Taxonomy of educational objectivities; The alassification of educational goles. Handbook I*: Cognitive domain. New York: David Mckay.

维的本质及它与学习的关系的处理太过简单化。

马扎诺对目标研究的突破

2001年，马扎诺出版了《设计新的教育目标分类法》。新分类法的目标体系并不是对布卢姆分类法的简单修正，也不完全是基于某种理论，而是一种后来的、新近的体系。该体系综合了心理学的最新研究成果，并提出了自己的研究假设。马扎诺提出，人的学习过程包括3个主要的系统：自我系统、元认知系统和认知系统。其中，自我系统判断个体面对的任务的意义并决定投入的程度，也就是确定动机；当动机被确定并决定投入任务之后，个体将依据已建立起来的元认知系统，决定完成任务行为的目标、方式和策略；然后运用认知系统中存储的具体认知技能去经历认知过程并完成任务。①

水平6：自我系统

信念是自我系统中统摄其他要素的核心

自我系统由态度、信念和情感的相互关系的排列构成。而决定动机和注意力的是态度、信念和情感的互动。自我系统判断任务的意义，确定一个人是否会从事或离开某项给定的任务，决定个人投入到任务中的精力。自我系统有四种类型：（1）重要性检查；（2）效能检查；（3）情绪反应检查；（4）动机检查。

（1）**重要性检查**。一个人认为什么是重要的，可能取决于它对如下两个条件之一的满足程度，即它对于实现个人的目标来说是基本的，还是有帮助的。到目前为止，研究认为，对自己最终目标的信念是一个人心理结构的核心特点。有充分理由说明，这套信念最终控制了自我系统中所有其他的因素。不管心理学家对个人目标的最终来源如何解释，但大多数人都认同，这些目标对一个人确定什么是重要的因素是非常重要的。

（2）**效能检查**。关于效能的信念，表明一个人相信：他有足够的资源、能力或力量，改变局面的程度。效能检查包括：检查个人对自己获得

① 罗伯特·J. 马扎诺，约翰·S. 肯德尔，高凌飚，吴有昌，苏峻译. 教育目标的新分类学［M］. 教育科学出版社，2012：17.

的与特定知识相关的能力、力量或必要资源的程度。如果一个孩子认为，他不具备必要的能力、力量与资源，去获取特定的技能，去获取知识，就大大降低了学习的动机，尽管他们认为这些知识是重要的。或者说，当一个人的自我效能感低，将导致出现习得性无助的行为方式。

（3）**情绪反应检查**。人类动机中情绪的影响越来越清晰。鉴于情绪的生物学本性，许多脑科学家断言，情绪几乎涉及人类行为的每一个方面。勒杜（Ledoux）1996年出版的《情感的大脑：情感生活的神秘基础》一书，揭示了情感对人类思维的控制作用。他通过对情感的研究得出如下结论：首先，人类对情绪的反应几乎没有直接的控制；其次，情绪一旦出现，就会成为未来行为的强有力的激励因素。同时，情绪具有积极有益的和让我们陷入麻烦的病理的后果。心理健康是由情绪卫生维持的，在很大程度上，心理问题反映了情绪秩序的崩溃。情绪是最主要的动机激励因素，它对人的影响通常超过价值观和信仰体系所能造成的影响。个体自觉而有意识的分析情绪状态、检查它在自己的动机中的作用，已经越来越受到关注。

（4）**动机检查**。从前面的分析中可以推断出，一个人愿意学习某项知识，提高运用能力的动机取决于3个因素：一是对它的重要性的认识；二是对学习或提高运用能力的效能地认识；三是个体对知识的情绪反应。或者说，提高完成某件事的内在动机有3个条件，一是个体认可它的重要性；二是个体相信：自己有完成这件事所必需的能力、力量或资源；三是个体对这件事有积极、正向的情绪、情感反应。反之，则会降低动机水平，也就是会出现通常所说的个体缺乏内动力。①

需要注意的是，自我系统的这3个决定因素对动机的影响并不是平均的。这可能是因为，对重要性的认可能压倒效能的缺失以及消极的情绪反应。例如，将学生推开，自己被车撞到的张丽莉老师，她当然不相信自己的身躯能阻止汽车的冲撞，她也会产生被车子撞倒的潜在负面情绪，但面对汽车将要撞到学生的危急时刻，保护学生安全的重要性选择，刹那间压倒并超越了其他两个因素，成为决定她采取将学生推开的行为动机的主导。

① 罗伯特·J. 马扎诺，约翰·S. 肯德尔，高凌飚，吴有昌，苏峻译. 教育目标的新分类学［M］. 教育科学出版社，2012：49-52.

水平5：元认知系统

负责监控、评价和规范所有类型思维运作的元认知系统

元认知系统具有4种功能：目标设定、过程监控、清晰度监控和准确度监控。

（1）**目标设定**。元认知系统的主要任务之一就是要确立明确的目标。所谓“明确”，是指预设目标完成的最终状态，也就是要知道完成目标的时候将是什么样。其中还包括，目标完成过程中重要的阶段性目标。同时，在目标设定过程中，还包括制订完成所认定的任务的计划，如学习目标达成的计划，它包括必要的资源、重要的阶段目标、最后完成的时间限定。我们称思维的这种性质为策略。

（2）**过程监控**。过程监控的典型作用是监视在某个任务中所使用的程序的有效性。例如，当学生确定了要背会一篇课文的目标后，他就需要对用什么方法、在多长时间内背下来？进行监督与调控，以保证目标在计划时间内完成。该过程完全是学生自主、自觉的行为。这样的行为过程，通常会被认定为这个学生是爱学和自觉的好学生。殊不知，其背后是自我系统的决定和元认知系统执行的过程。所以，当孩子缺乏内动力，当孩子不够自觉时，家长和老师需要反思的是，孩子的自我系统是否已经建设好？是否能有效启动？这才是解决问题的根本。单纯依靠外力的监督与控制，心理力量弱的孩子可能将导致抑郁，心理能量强的孩子则有可能引发强烈反抗，也就是我们常说的逆反。当然，能顶得住长期的外力监督，能扛得住控制下的严格训练，必将练就超强的意志力和耐挫力，这一点在军队、运动队等专业领域是存在的。但在教育领域，这种逼迫方式常因身体压力释放的不及时等，容易出现心理问题。因此，在学习上，内动力的激发，其根本是建设一个健康的、能运转的自我系统。

（3）**清晰度监控和准确度监控**。这两种监控被某些学者定义为意向功能。这种功能是个人有意识地决定去努力接近并坚持完成既定任务，且始终保持着清醒的认识。或许正因如此，这种自主的意向能力，属于高智力或高智能行为。[①]

① 罗伯特·J. 马扎诺，约翰·S. 肯德尔，高凌飚，吴有昌，苏峻译. 教育目标的新分类学［M］. 教育科学出版社，2012：47-48.

元认知系统对目标设定、过程监控、清晰度与准确性监控的一系列自主和有意识的行动，这样的思维过程，就是我们通常所说的意义化的过程。

认知系统包括信息提取、理解、分析和知识应用4个要素。

认知系统的4个要素也可以排列在目标系统内，并由此构成了新分类法目标系统的6个水平体系，组成新分类法的基本结构（图5.1）。

水平6：自我系统

水平5：元认知系统

水平4：知识应用

水平3：分析

水平2：理解

水平1：信息提取

（水平1—水平4：认知系统）

图5.1　教育目标新分类法的基本结构暨目标系统的6个水平

水平4：认知系统之知识应用

其过程是指当个人希望完成某项特定任务时，他所采用的那些东西。它包含4类知识应用任务：（1）决策；（2）问题解决；（3）实验；（4）调查。

（1）**决策**。当一个人面对两种或多种选择时，就要用到决策过程。

（2）**问题解决**。这个过程用于试图实现某个存在障碍的目标的时候。其核心在于，问题本身的特征就是一个障碍或限制性条件。顺利解决问题的过程包括：第一步，确定实现目标的障碍；第二步，确定实现目标的替代方法；第三步，评估替代方法；第四步，选择和执行替代方法。

（3）**调查**。它是生成和检验关于过去、现在或未来事件的假设的过程。从提出假设和检验假设的角度看，调查过程对知识的利用类似于实验。只是两者所用的关于证据的规则有所不同。具体来说，调查证据的规则所依据的准则是差错分析中得到的根基牢固的结论。而实验证据的规则是检验统计假设的标准。因此，有效的调查需完成4个关键的步骤：①对于正在调查的对象，确定什么是已知的或商定的；②对于这一现象，确定混淆或争议的范畴；③为混淆或争议提供答案；④为所建议的答案进行逻辑论证。[①]

水平3：认知系统之分析

认知系统中的分析包括了知识的合理延伸。分析过程有5种：（1）匹配；（2）分类；（3）差错分析；（4）概括；（5）认定。

需要说明的是，以上任何一种认知操作通常都是无意识、自然地执行着的。而当它们作为新分类法的分析工具来使用时，它们都从内隐的思维过程，即由实践知识或缄默知识，转化为显性的、自觉的知识，经过严格的训练，成为能实实在在地运用，可以有效执行的过程。

由此，我们便容易理解理论研究对实践活动的指导意义与价值了。就如前文中的目标研究，哈佛大学在调研时，被调查者对目标的确定尚处于自发的、自动的状态，而当“目标清晰和长远与否决定着一个人的发展质量”这个结果，经调研被发现后，就作为创生的新知识，通过教育和自我教育，使目标从自动、自发的个体行为变为有意或主导的教育教学内容，并通过刻意训练，去塑造更多的被教育者，使更多的人能有意识地确定明确、清晰和长期的目标。当人生目标成为教育内容后，那教育者就必然要优化教学方法对此进行干预，而且作为教学目标，期望在教育对象身上达成效果，即想方设法要去达成的目标。也就是说，这个被发现的知识经由教师的教学，要在学生身上体现我们期待的行为变化。而这一系列活动，归根结底就是理论研究发现作为知识，成为教育内容后，对被教育者所发挥的影响作用，而这就是教育改变人的命运的积极意义所在。

（1）**匹配**。其过程是依据知识构成因素之间的共性与差异，对知识做出定位。匹配大概是信息过程中最基础的一个环节。当然，匹配的过程因任务的要求或是简单，或是复杂。而有效的匹配需具备三个重要特征：首先，指定分析过程中所要进行的匹配项目的属性或特性；其次，应确定它们之间的相似和不同；其三，要能准确地说明白它们的异同。

（2）**分类**。是指把知识组成有意义的类别。

① 罗伯特·J. 马扎诺，约翰·S. 肯德尔，高凌飚，吴有昌，苏峻译. 教育目标的新分类学［M］. 教育科学出版社，2012：45-47.

同匹配一样，分类是人类思维的基础。同时，分类的能力是所有形式的思维的核心。是否能做到有效分类取决于以下关键的属性：一是要确定进行分类的项目的定义特征；二是要确定该项目归属的上位类别，并解释为什么它属于这一类；三是要确定该项目的一个或多个下位类别（如果有的话），并解释它们是如何相关的。

（3）**差错分析**。它确定知识的逻辑、合理性或准确性。作为分析技术的差错分析包括：首先，根据明确的标准有意识地对知识的有效性进行判断；其次，查明已经进行的推理中的任何差错。学生要知道，判断要有效，应有所支持（原因），支持的来源应是确定的（根据），支持应予以解释和讨论（检视），结论是否有异议应辨明（资质）。正确使用差错分析，需对程序的每个环节或每个步骤进行检验。

（4）**概括**。它是指从已知的或观察到的信息中进行新的概括的过程。该过程涉及推论，这里的推论超越了创建微结构或宏结构时所做的推论。这儿的推论多少带有些归纳的性质。而归纳通常被认为是从具体到一般的推理过程。有学者曾提出组成归纳的4项规则：

第一，专门化规则。它规定，如果以前生成的规则对某一特定的情况不能提供准确的指导，那么就应该产生指向更为具体的规则。

第二，非惯例规则。它表示如果某一情境存在着关系到该情境管理规则的意外特性，就应该给原有的规则增加一个条件要素。

第三，数量强度规则。它表明在基于一批事件或要素的样本生成规则时，通常假设规则是在该批样本中所有样本的基础上生成的；不过，还应根据所抽样的事件或要素的数量大小比例附上一个强度参数；事件或要素越多，规则就越强。

第四，限定性规则。它表示如果一个人有下列形式的规则："如果你想要做X，你必须首先做Y"，那么就应该产生下面的规则："如果你不做Y，你就不能做X"。

和归纳对应的是演绎。演绎通常被认为是从一般到特殊的推理。演绎推理也基于规则。霍兰德等人鉴别了两类演绎规则：共时性演绎和历时性演绎。共时性演绎的规则本质上是不受时间影响的，它是分类的基础，它通常有两种类型，即分类和联想。历时性规则处理因果关系和时序关系，它也分两类：即预测和效应。

需要指出的是，马扎诺新分类法中的概括过程既不是纯粹的归纳，也不是纯粹的演绎。或者说，也许没有哪个心理过程是纯粹的、单一的归纳或演绎。学者们断言，推理过程要比以前定义的更为错综复杂和非线性。因此，很多哲学家提出了混合推理的概念，以此去理解推理的思维本质。他们认为，混合推理是以一个或多个事例为基础，生成和塑造思想的行为。而在这个过程中所做的推理，有时偏于归纳，有时则偏向演绎。马扎诺在“理解”水平上的推理，更多地倾向于归纳而非演绎。他还认为，概括的重要做法包括：第一，专注于特定的信息或观察资料而不作假设；第二，寻找信息的模式或连接；第三，做出一般性的陈述来对模式或连接进行解释。

（5）**认定**。它是对已知的概括或原则，生成新的应用的过程。概括的分析过程，其本性更接近于归纳；而认定的过程则更接近于演绎。认定的重要做法包括：第一，确定适用于特定情况的概括或原则；第二，确保具体情况符合应用概括或原则所需要的条件；第三，如果确实要应用概括或原则的话，确定可以得出什么结论或可以做出什么预测。①

水平2：认知系统之理解

认知系统内的理解，负责把知识转化为适合在永久记忆中存储的形式。为了高效地将信息存储在永久记忆中，必须将关键信息按一定的结构和格式加以转换后再保存，多余的信息则被排除。个体以这种简约方式存储知识的程度，代表他对知识的理解的程度。

理解涉及两个相关的过程：整合和象征。整合是用简约、概括的形式组织，提炼出知识特征的过程，技术上称为宏结构，与微结构相对应。宏结构包含微结构的要点，而微结构包含从直接经验和推断中获得的信息。个体有效整合知识的证据使他能生成知识的宏结构，也就是能说清楚知识的重要因素或关键要素。象征作为一种理解过程，包括了在宏结构中创建一个与知识相类似的符号。作为一个心理过程的象征概念，主

① 罗伯特·J. 马扎诺，约翰·S. 肯德尔，高凌飚，吴有昌，苏峻译. 教育目标的新分类学［M］. 教育科学出版社，2012：38-44.

要是基于知识的双重编码，也就是信息主要以语言和图像这两种模式流动。语言模式在本质上是语义，它以概括或产品的方式来表达；图像编码表现为心理图形甚至是身体感觉，如嗅觉、味觉、触觉、动觉关联和听觉。象征是将宏结构中的知识转化成一些象征性的意向模式（如非语言的意向模式）。在中小学，象征的普遍形式是图形组织者，它将语言和符号联结在一起。其中普遍的组织模式包含：

（1）特征模式，将特定的人物、地点、事物、事件的事实或特点组织起来；

（2）序列模式，以特定的时间顺序组织事件；

（3）过程–原因模式，把信息组织成一个因果网络以引出某个结果，或组织成一系列的步骤以逐步导出某个产品；

（4）问题解决模式，把信息组织成一个确定的问题以及可能的解决方案；

（5）概括模式，把信息组织成一个概括和支撑的事例。

以上每个模式都有一个合适的图形组织者与之对应。也就是说，有效应用，需要掌握一个高度结构化的组织表现方式（图5.2）。[①]

① 罗伯特·J. 马扎诺，约翰·S. 肯德尔，高凌飚，吴有昌，苏峻译. 教育目标的新分类学［M］. 教育科学出版社，2012：35-38.

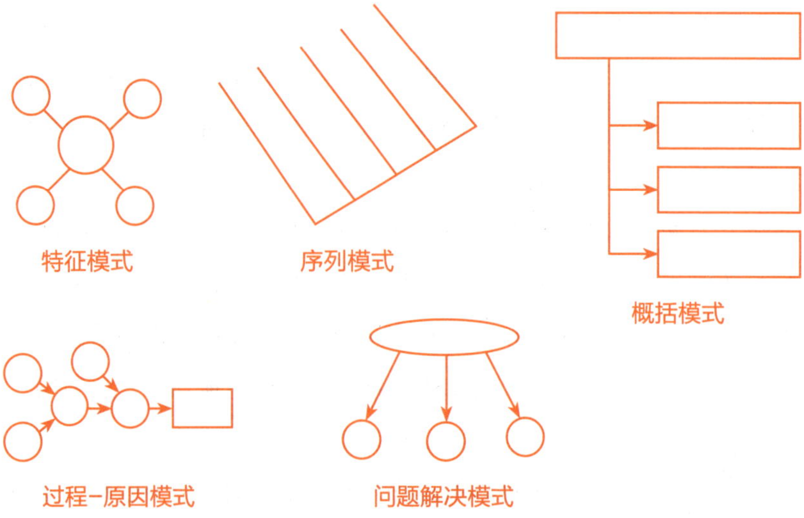

图5.2　模式的图形表征

水平1：认知系统之信息提取

它是认知系统内的一个过程，而且是天生的过程，是每个人神经系统“硬接线”的一部分，通常是一个人在非自觉的意识中完成的。它的工作原理是，把知识从永久记忆中激活并转移到工作记忆中，使知识有可能被有意识地运用。所以，信息提取要么是再认，要么是回忆。当然，信息的提取包含了对当初学习时可能没经历过的东西，而人们会依据经验进行推断，使信息在逻辑上保持完整。研究者将这种逻辑上完整的信息组合称为一个“微结构”。显然，推断在组建一个完整的微结构中起主要作用。而构建微结构时所做的推断通常有两种类型，一种是默认的推断，即对有关人、地点、事务、事件和抽象的概念所做的推断；另一种是理性的推断，是添加不明确信息的另一种方式，它不属于普通常识，而是推理的结论。[①]

5.3 运用心理研究发现，分析教育中的问题

大篇幅地介绍了马扎诺的研究成果，或许你会觉得晦涩、难懂，因为的确比较理论化。但如果你静下心来，认真、仔细、耐心地读一读，或许根本无须刻意分析，就能自主找到高中生X和老师、家长之间产生矛盾冲突的症结，并能找到解决与自身烦恼的办法。

看完了哈佛大学人生目标调查的结果，是否已经找到了高中生Y存在的问题，并能帮她跨越目标模糊的局限，从“好大学”的具体化入手，引导她确定清晰、明确的目标，进而通过分析、自主监控等，助力她有意识地建设自我系统和元认知系统，以此激发内动力，解决认知领域的问题。

也许，高中生X和Y的表现在当下具有一定的普遍性。不过，在深入分析他们的问题之前，我还想说分析几个教育上遗留下来的历史问题。或许，从这些分析中，能帮助老师、家长和孩子更全面、更深刻地理解成长中究竟哪些因素更重要。

① 罗伯特·J. 马扎诺，约翰·S. 肯德尔，高凌飚，吴有昌，苏峻译．教育目标的新分类学［M］．教育科学出版社，2012：32-34.

曾国藩是笨小孩吗？

记得，南京师范大学郦波教授在央视《百家讲坛》主讲《曾国藩家训》时，开篇是《谁来拯救笨小孩》，内容主要讲的是曾国藩小时候背书的故事：

在一个月黑风高的晚上，几乎家家户户都闭门睡觉了。这时，有一个小孩在那里摇头晃脑地背书，而有个“梁上君子”则等着这个小孩快快地把书背完去睡觉，他好跳下来偷东西。可一个时辰过去了，又一个时辰过去了，这个小孩却还是没能把那篇文章给背下来。小偷睡了一觉，醒来发现小孩依然还在那儿不停地背呀，背呀，可他还是背得磕磕巴巴。眼看天都快亮了，这个小孩还不会背。突然，小偷从房梁上跳下来，对小孩说：“你也太笨了，我都会背了，你还背不下来，真笨!”说完，小偷一字不差地将文章背了出来，然后大摇大摆地离开了。

据曾国藩本人回忆：“国藩愚陋，自八岁侍府君于家塾，晨夕讲授，指划耳提，不达则再诏之，已而三复之”。由此可见，这个故事并非全是杜撰。看来，曾国藩小时候学习真的是挺不开窍，再三讲解也是弄不明白，的确可以划入“笨孩子”之列。而这个笨，他本人是认可的。但就是这样的一个笨小孩，为何他能成为晚清“第一名臣”？而那些比他聪明的人，比如说那个小偷却默默无闻。那我们该从这位被世人誉为“千古完人”“官场楷模”的人身上学习些什么？同时，又该从他的成长故事中追问些什么呢？

该怎样反思曾国藩的笨？又该如何追问不适合学校教育的爱因斯坦和爱迪生？

作为老师和家长，我们应从被定义为“笨小孩”的曾国藩身上，从不适合学校教育的爱因斯坦和爱迪生等大科学家（他们的故事不再赘述）那里，追问以下几个问题：

第一，曾国藩被评价为笨小孩，这里的“笨”评价的是教育目标系统中的哪个水平？

第二，爱因斯坦和爱迪生等大科学家在学校教育中不仅不是优等生，可能还是问题生或差生，那学校教育重点考量的是什么因素？而促使他们成功的又是哪些因素？这些因素之间有什么区别与联系？它们分别居于教育目标体系中的哪个水平？

第三，作为家长和老师，在教育和培养孩子方面，究竟该追求什么？该重视什么？究竟哪些因素能让一个孩子能走得更远，站得更高？究竟是哪些素质能帮一个孩子拥有更大的人生价值？不仅使他们能自己体验到自我实现，还能为国家、为社会乃至为全人类做出更大和更多的贡献？

建设自我系统拉升认知系统

自我系统居于元认知和认知系统之上，当态度、信念和情感一旦建立积极联系，那么即便是笨小孩，也能克服困难，以滴水穿石之功，取得令人惊诧的效果。毛泽东的老师徐特立曾说过，一个人将来有没有作为，关键看他小时候有没有大志。从目标的角度说，当一个人有了长远且清晰的目标，有了人生追求以后，就如同有了航标灯，可以指引一个人更好地集中注意力，更坚韧地克服前进中出现的困难与诱惑。

曾国藩背书的故事生动地表明，从“信息提取”的角度来说，他真的是个笨小孩。背书，用通俗的话说，检验的是记忆力、理解力，显然在这个方面他不如小偷有优势。但我们知道，曾国藩有日课12条，也就是他自己制定了每日功课，并几十年如一日地坚持做，这使他超越了自己记性不好、脑子不灵的先天局限。而爱因斯坦和爱迪生，他们对科学的热爱，使他们能不怕失败，坚持完成成百上千次的实验……

当学校或家长仅以处于认知系统的下位水平，如单纯地记知识去要求、去塑造孩子，那钱学森之问将难以回答。学校教育在改革，核心素养时代，单纯掌握死知识已无法成为优秀的人才。无论有多强的大脑，如果单纯比赛记忆，人类根本就比不过AI智能机器人。所以，老师、家长要从帮助孩子从小树立远大理想的角度，思考人生，规划未来。

哈佛大学人生目标调查和马扎诺的教育目标新分类学都告诉我们，“仰望星空”对于孩子成长的重要意义。当然，曾国藩的故事也告诉我们，有了成为“圣人”的目标后，还要有日课（每日）要完成的明确目标和具体任务，并坚持不懈地完成。也就是说，既要有长久而清晰的目标，又要有“脚踏实地”日复一日的持续付出。这说明了终生学习的必要性。

针对如何确定目标、计划，如何更好地促进自我系统、元认知系统和认知系统的建设，如何掌握具体的操作方法，在后续的系列心理实验故事中，我们再具体讲述。

6 尊重差异：扬长补短

6.1 不一样的“学困生”

人们常说，天下之大但找不到两片相同的叶子。俗话也说，人心不同，各如其面。的确如此，孩子一生下来，连啼哭声都不一样。即使是同卵双胞胎，性格也各有特点。但很遗憾，班级授课制下的学校教学，却常常运用相同的方式去教育特点迥异的孩子。这会不会出问题？如果的确存在问题，我们怎样才能有针对性地解决问题，尽量做到因材施教？

只要不谈学习，这孩子哪哪都好

记得，那天我在高中部转楼，喉咙突然有点不舒服，就捂着嘴咳嗽了一声，没想到从身旁走过的高高壮壮的男生D，关切地对我说：“老师，您要注意身体呢，不要太累了。”

D同学是上游学校建校后的首批学生，当时学校只有初一和高一两个年级，初一孩子面试时，我是第一关“心理绘画”的评委，基本都知道名字，高一虽说是考进来的，但因我们是寄宿制学校，晚上值班查寝，加上教师的全员听课和全员公开课等教学活动，以及学生的全员趣味运动会、田径运动会、篮球赛、拉练、社会实践、迎新晚会等各类文体活动，很多孩子也就慢慢地都认识了。

对于D同学，我印象较深。某个周六下午，我转楼时发现，高一有个班的教室里，一个女生正在吃着热乎乎的辣糊糊，一个左臂缠着绷带吊挂于胸前的男生，正在黑板前摆弄白板。经询问，才得知他们是初中的同班同学，女生因家里有事，所以这周她留宿。而男生，也就是D同学，周五本已回家，但因手臂受伤，所以提前到校写作业，想到这位女同学可能吃不到喜欢吃的饭，就专门买了带过来。当天傍晚，我带着校内留宿的五六个孩子到学校附近的公园散步，走到大门口时，发现D同学的左臂举至头顶，正在给身边的同学做投篮的模拟动作。我诧异地问："哎，你的伤好了？"D同学和围在旁边的那个女生都尴尬地笑了。

"D这孩子，对人热情，干活积极，集体荣誉感特强，篮球打得也好……只要不说学习，哪哪都好！""除了学习，别的都没问题"……几位老师对D同学的评价颇具共性。"哎，从小这孩子就坐不住，学习上，可真叫人头疼"，D同学的亲人这样反馈。

恰巧，学校心理健康服务中心学习辅导小组的4位老师，给D同学和他们班的另外3位同学做了次集体沙盘游戏。从挑选沙具到摆放沙具再到分享感受，我们发现，D同学无论从心理安全感、心灵感悟、语言表述、视野格局、内在动机等，在各方面都没有问题，即便是他在摆放沙具"火箭、哨所、罩子"时，瞬间就把罩子盖在了旁边同学建立的湖心岛上，而这一看似攻击性很强的行为，却使旁边的女同学原本孤立、封闭的空间与外界有了联系，尤其是他所陈述的"这是卫星发射基地，不能随便进来，因此得有一个警哨，罩子是大本营"的想法，带给老师和同学不一样的大格局、阔视野的感受。

到底是什么原因，使这位阳光、热情、体贴，点子多，敢行动，很讨人喜欢的大男孩成了一名学困生？

6.2　心理研究故事

你在哪方面更聪明？

当人们询问一个人的聪明程度时，常会问："他有多聪明？"这个问话中暗含着“他的智力是多少?”显然，它是从“量”的角度去评估一个人的聪明程度。而当我们问：“他在哪方面更聪明?”则是从“质”的角度评量一个人的聪明维度。换句话说，这和量无关，它关注的是人的智力在本质上可能归属的某些特定类型。或者它意味着，人和人不是简单地在智力水平上有高低之分，而是各自拥有独特的智能领域，或具有各种智力形式的组合。

从本书的第一个心理实验故事中，我们已经知道罗森塔尔利用智商分数在学校进行了实验，他通过随机确定人选，告诉老师：被确定的孩子是天才儿童，具有很高的智商（IQ），结果最终这些孩子都有了较好的发展。罗森塔尔的实验，告诫老师要相信每个孩子都是有潜力的，不能一味地相信智商。20世纪80年代，研究者们越来越质疑“把智商分数作为唯一测试人类智力的方法”的合理性。与此同时，这种智力测验本身也暴露出很多弊端，如对特定的阶层和种族带有偏见，再如对一些儿童产生了不公，就如罗森塔尔的实验发现一样。

随着对智力概念的批评逐渐增多及其影响力的不断扩大，智商测验使用得越来越少。与此同时，一种具有颠覆性的观点取得了很大的进展，它科学而通俗地解释了我们的智力是如何工作的。它与一元论的智力理论截然不同，该理论将智力概念扩展为多个不同的心理能力，且每种能力都拥有一种完全“独立式”的特征。该理论的研究者就是哈佛大学的霍华德·加德纳。

霍华德·加德纳的智力结构暨多元智能理论

1983年，哈佛大学的霍华德·加德纳出版了著作《智力的结构》，向世人介绍了多元智能的观点。[①]多元智能理论不单纯是对人们表现出来的形形色色的相关智力技能的观察，更源自加德纳对大脑结构的研究。在研究多元智能前，加德纳的主要工作是研究生物学和大脑功能的。他进一步拓展了前人研究的成果，证明人类大脑不仅在智力上有区别，更重要的是，在功能上有明确的分工。换句话说，我们的大脑的每个不同区域都被“指派”去完成认知的某项特定任务。这种大脑功能特化理论可以通过观察一些大脑受过损

① Gardner, H. (1983) Frames of mind: The theory of multiple intelligences: New York: Basic Books.

伤的患者来证明，这正是加德纳所采用的研究方法。研究发现，人的某些能力由于特定部位的脑损伤而消失或衰退。例如，大多数人的语言功能都位于大脑左半球的一个区域；视觉功能处于后枕叶皮层的中心；而位于视觉皮层底部的一个特殊结构则居于辨认和识别人脸的功能，等等。

伴随着大脑功能特化理论的发展，加德纳坚持认为，人类大脑的不同区域负责着智力的不同方面，或者更为准确地说，就是完全不同的智能。为了增强多元智能理论的科学性，加德纳对很多不同类型的人进行了测试，而且他还制定出将一组能力界定为一种特定智力类型的标准。加德纳是这样描述其研究资料的：

为了能系统阐述多元智能理论，我以大量不同类型和迄今毫无关联的人作为考察对象。这些人包括：神童、天才、大脑损伤的患者、低能特才者（大脑迟钝的一种罕见类型或者是在一个或两个领域有天赋的自闭症患者）、普通儿童、普通成人、不同行业的专家以及有着不同文化背景的人。

综合上面所说的研究数据，加德纳制定了界定一种智力的8个标准或“标志”，即：

（1）大脑损伤证明智能具有潜在独立性；

（2）低能特才者、神童以及其他天才的存在都与智力有关；

（3）智能应该与一个清晰的信息加工（思维）过程相联系；

（4）智能应该有一个独特的发育历史和发展到高级专业水平的潜力；

（5）智能的逐步演化有据可依；

（6）智能可以用心理学实验进行研究；

（7）智能可采用现存的标准化测验来测量；

（8）智能的各个类型都可能用一个符号系统来代表。

加德纳对每种智能都按照这8项标准进行分析，不符合多数标准的能力就会被排除。经过淘汰，他最初提出了7种截然不同的智能，后来增加到8种，最近又建议增加为9种。

多元智能1：语言智能

如果你有突出的语言智能，就能在使用文字上，比一般人更有技巧、更有效、更有创造性。你可以用语言说服别人来支持你的立场；你可以回忆或重复详细而复杂的信息；你比绝大多数人都更擅长解释和传授概念、思想等；而且你也在充分享受着运用语言来谈论语言的乐趣。加德纳认为，有天赋的诗人就是语言智能突出的代表：

在诗人对某行或某段诗歌字斟句酌的过程中，我们可以发现，语言智能的一些方面在发挥着作用。诗人必须对词义的细微差别极度敏感，并且还要尽可能多地使其保留下来并广为流传……具有对词语使用规范的敏感性，具有遵守语法规则以及合理选择时机去违背规则的能力。如果语言智能达到更高的层次——对发音、节奏、变音以及韵律都很敏感，那么这样的诗人创作出来的诗歌，甚至就连外国人诵读起来也会觉得悦耳动听。

多元智能2：音乐智能

你可能已经猜出来了音乐智能的某些构成要素：包括在声音，特别是在声调、音色以及节奏方面具有天赋。加德纳认为，音乐智能是所有智能里最早出现的，那些有音乐天赋的神童为其观点提供了佐证。加德纳用作曲家来说明其音乐智能：

一个作曲家最明显的特征就是：头脑中不断有旋律冒出——也就是说，他经常能在接近意识层面的某些地方，听到曲调、节奏以及更多的音乐形式。

多元智能3：逻辑-数学智能

这种智能可以使你思考、分析、推断存在于抽象事物、概念或观念之间各种复杂的关系。数学家、科学家和哲学家往往拥有比较高的逻辑-数学智能。但这种智能也可能出现在那些痴迷于体育统计、电脑编程及开发算法的人身上：

这类人的典型特征是偏爱解决抽象问题……数学家必须严格并长期坚持一种怀疑态度：任何事实只有经过一系列严密步骤证明后才能被人们认可，而这些步骤也必须从得到普遍接受的第一原理中推导出来……尤其是找到长期以来被认为是无法解决的问题的答案，这特别能给他们带来快乐。

多元智能4：空间智能

如果你善于形成表象、视觉化表现以及操纵表象，就说明你拥有较高的空间智能。这些能力都是与生俱来的，常见于那些从事依靠想象力工作或以其为业余爱好的人们身上，例如艺术家、雕塑家、室内装饰设计人员、工程师和建筑师等。为了使人们对空间智能了解得更具体，加德纳这样解释该智能：

辨认相同元素实例的能力，转换或识别结构变形的能力，在脑中想象并转换图像的能力，根据空间信息绘制简图的能力，以及其他类似的能力。

多元智能5：肢体运动智能

这种智能也可以被称为是“身体智能”。如果你拥有很强的肢体运动智能，那么你会对自己的身体以及身体的运动非常敏感。同时，你也可以灵活自如地使用和控制你的身体去完成各种动作。正如你所想到的，舞蹈家、运动员、外科医生、制陶工人和很多演员都拥有很高的身体运动智能。

这种智能的一个特点是：为了表演以及实现目标导向的目的，能够与众不同却又灵活自如地使用身体……另一个特点是拥有灵活操纵物体的能力，包括那些靠手指或手进行的精细动作以及那些靠整个身体进行的大肢体运动。

多元智能6：内省智能

“你对自己有多了解？”加德纳指出，人们对自己的身份、情绪、动机以及行动的根源的意识和理解，存在不同程度的差异。加德纳对高水平的内省智能是这样描述的：

这种核心能力涉及一个人自身的情感生活，也就是一个人的情感领域：它能使人立即有效地对各种情感进行区分，给它们贴标签，以象征性代码的方式卷入其中，最后以此来了解和指导自身的行为。

多元智能7：人际智能

这一智能与内省智能形成鲜明的对比。换句话说，内省智能关注的是人的内部世界，体现的是“你对自己有多了解？”而人际智能关注的则人的是外部世界，追问的是“你对他人有多了解？”人际智能所包括的技能与内省智能差不多，但它们是指向外部的，强调的是对他人的情感、动机、欲望和行为的理解。

这种智能的核心能力是对他人的觉察和区分，特别是注意和分辨他人的心境、气质、动机、意图等。作为人际智能的一个较高形式，一个技巧娴熟的成年人可以看出别人隐藏于内心的意图和欲望，并基于这种了解采取相应的措施。

以上七种智能构成了加德纳最初的多元智力概念。但他在《智力的结构》一书中明确指出，这些智能只是一个初步的罗列。经过进一步的调查和研究，很可能会纳入其他智能。原有的七种智能，也可能由于某种有说服力的观点而被移除一个或更多。但近30年过去了，这七种智能依然被保留了下来。不过随着进一步研究，加德纳先增加了自然智能。之所以增加自然智能，是因为前七种智能无法涵盖这种能力，如找不到描述生物学家的合适的智能。

多元智能8：自然智能

自然智能是指辨识和归类植物、矿物和动物的能力，包括岩石、草地以及各种各样的植物群和动物群。

达尔文之所以成为最著名的自然学家，就是因为他把生物的本质看得（研究）得非常透彻。

加德纳的多元智能理论（通常被简称为MI理论），现有的MI理论就是由以上8种智能构成的。但加德纳一直秉持着多元智能是动态的观点，他认为，多元智能经常向新的、有明确定义的能力开放。在语言、音乐、逻辑–数学、空间、肢体运动、内省、人际、自然8种智能相对稳定后，2006年，他又提出了第9种智能，并认为该智能符合他关于智能的标准，这就是存在智能。

多元智能9：存在智能

存在智能之所以能作为智能的备选者，是基于人类有追问存在的最基本问题的癖好。我们为何而生？我们为何而死？我们从哪里来？将来会发生什么？什么是爱？为什么要挑起战争？

加德纳认为，这些问题都是超越理性认识的。他们关注的问题太大或太小，已经远远超出了我们的五官的感知能力。

多元智能理论在教育领域的应用

加德纳的多元智能理论于1983年通过其著作《智力的结构》一书的出版而广为人知。仅在一年后，美国某些重点学校就完全按照该理论重新设计了课程。至今，几乎美国所有的学校以及其他国家都在不同程度上借鉴了该理论来设计课程。

对多元智能理论的评价

尽管多元智能理论是关于人类智能研究中最负盛名的理论，而且已经在各种研究和教育领域受到普遍支持。但它并非无可挑剔，常见的批评意见指出，加德纳提出的这些独立的智能不是真实存在，而只是描述了人类不同的“思维风格”。此外，还有两种质疑也颇具代表性，一种质疑认为多元智能理论缺乏严谨的科学研究来证明其正确性，另一种则对多元智能理论在实际操作中的有效性提出了质疑。

无论如何，我们都必须承认：多元智能理论改变了我们对学习、对教育和对智力的看法。同时，我们也应记住加德纳的告诫：多元智能理论是一种达到目标的手段，其自身不应该是一种结果：

教育的目的应当体现一个人自身的价值，而这绝不可能简单地或直接地通过一种科学理论来实现。一种科学理论若要展现它的教育价值，阐述其目标，那么，就多元智能理论而言，只是推定多元智能的存在就会非常有帮助。特别是当其教育目标包括对学科的理解时，就有可能调动我们的几种智能去帮助实现这个高层次的目标。

我已经认识到，一旦一个人向世界提出一种观点，那么他将很难再去完全控制这种观点的发展和影响，就像任何人都很难控制自己基因的产物——孩子。简单地说，我最广为人知的智力广场——多元智能理论，过去、现在和将来都有它自己的命运，而且很有可能比我希望的更好。（Gardner，2002）[①]

6.3　运用心理实验发现，分析教育中的问题

尊重孩子的智能

生活中，我们会发现每个孩子都有自己的特点，例如性格特点、学习特点、交往特点等各有不同。随着脑科学的进展，我们逐渐明白，不同差异的背后是大脑智能存在着差异。这应该是多元智能理论带给我们的最大启示。加德纳的研究发现告诫我们，不能简单地用同一个标准、同一种方式去面对所有的孩子。

对此，我深有体会。我的女儿从小热爱绘画，属于空间智能比较突出、感受性丰富的人。当然，在表现出绘画特长的同时，也暴露出她运动能力的相对薄弱。而我是从小练体育的，肢体运动智能有

① Rammstedt, B,& Rammsayer, T. (2002). Gender, differences in self-estimated intelligence and their relation to gender-role orientation. European Journal of Personality, 16, 369-382.

比较大的优势。所以孩子小的时候，我就一直在给她补运动短板，按照她的话说，我是威逼利诱让她坚持练体育。同时，还总是用我的作息时间要求和训练她，小的时候，她还能接受。但经历了高三大半年艺术强化训练后，我们的作息时间就发生了严重的不一致。在画室，她从早画到晚，生物钟已经调整为晚睡、晚起，尤其是大学四年，更是如此。在看待事物上，她的角度多元、敏锐、深刻但偏悲观，而我是简单率性、粗线条和天生乐观派。期初，我总想启发、带动她，但随着她渐渐长大，我越来越发现这是有问题的，而且也是行不通的。终于，我想明白了，需要改变的不是她而是我。我不能用体育人的生活、思考方式要求她和塑造她，而是应该尊重她的天性，尊重她的智能，毕竟学艺术和练体育的人有很多方面是不同的，各有特点，应该各美其美。

尊重孩子的学习风格

现在，让我们回到上游学校学生D同学的故事上，来探寻有可能导致这位阳光、热情、体贴，点子多，行动果断，很讨人喜欢的大男孩成为学困生的深层原因。

加德纳的多元智能理论从大脑的结构上揭示了人在智能上存在着差异。有人认为，加德纳的多元智能理论描述了人不同的思维风格。或许从某种意义上讲，人的思维风格或智能不同，学习风格也会存在差异。

2018年冬季，我们在英国研修时，授课老师多次强调要尊重学生的学习风格。他们将学生的学习风格划分为视觉性、听觉型和动觉型。英国的老师会针对学生的不同的学习风格，设计适合的活动内容、学习方式和家庭作业，如对偏视觉型的学生，选择图表、插图、PPT、视频、文字等；对偏听觉型的学生，以一对一交流、音频、小组讨论、广播、口头陈述等学习方式，作业侧重口头的、演讲和写作的内容；对偏动觉型的学生，学习内容或形式多采用实操活动、角色扮演、记笔记等，以促使更多的使用身体的、双手的和触感的去完成教学内容或作业。

很遗憾，我们的学校教育此前对学生的多元智能与学习风格的认知度、关注度和尊重与关注，相较而言还都比较低。在学习上，课堂教学大多以偏视觉和听觉为主，而这原本就很不适合偏动觉型的孩子。同时，正因为课堂偏视觉和偏听觉型，所以特别强调学生要遵守纪律，格外强调学生要安静地看、专注地听，在这种要求下，偏动觉型的孩子往往是被批评的对象，因为他们坐不住，太好动。但如果我们秉持多元智能理论，相信思维风格存在差异，承认学习风格的确不同，是不是会对那些活泼、好动，对那些以往被我们定义为调皮、顽劣的孩子重新审视？会不会因为我们忽略了动觉型孩子的认知风格，没有给他们提供最适合的教育方式而感到惭愧？或许，并非是孩子不爱学，其实是我们不懂得不同类型的孩子的学习特点。实际上，当我们漠视了孩子认知风格上的差异，只采用一种方式对待所有孩子时，需要调整的是我们，是老师和家长，尤其是老师。因为老师是专业的教育者。

6.4 对动觉型孩子的教育策略

对D同学的干预办法

针对D同学的学习特点，我们首先从当时他最弱的学科入手。在课堂教学中，考虑到让老师专门为他设计适合的学习内容、采取针对性的方法不太现实，于是我们采取了通过课后助学方式进行弥补，促使他的多个感官能够动起来。此前，老师给他助学时，采取的是老师讲他听的方法，调整后的办法是：

第一，请他先讲自己的思路（让他的大脑和嘴巴先动起来），思路卡了，老师引导，疏通思路。

第二，老师帮着理清思路后，请他自己边说边写，旨在让他在大脑记的同时，嘴巴和手也协同动起来。在这个过程中，老师要始终很有耐心，既要和他一起一点点地梳理知识，更要指导他掌握学习的方法，哪怕初始阶段他只能写下只言片语，甚至错误百出，也要耐心地帮他学会记关键词或短句子，学会整理大框架，理清楚知识的内在结构，并逐步建立起内在联系。

第三，第二天助学时，要请他先陈述第一天所学的内容，教师需要针对他的陈述，进一步帮他梳理思路，并规范他所写的内容的结构、顺序、逻辑关系等；然后请他修正、完善自己的笔记。需要注意的是，修正的过程依然既得说出来还要写下来。同时，说和写都要力求清楚。在此基础上，再根据正确答案，分析答题的维度是否全面，表述的是否规范、准确，要帮他掌握评量尺度，引导他学会自主评估。

第四，第三天要在前两天的基础上，进一步跟进，强化、精细化叙述出来的内容的完整性与准确性，以及逻辑的严密性。也就是要请他再把所学内容，通过说出来、写下来的方式，促进记清楚，将说、写、记同步进行强化练习。之后，邀请他自己动手，进行批阅，和老师一起讨论得分和失分原因，不仅能说清楚评价标准、扣分依据，还能自主进行矫正。

从表面上看，好像用了好几天的工夫，才掌握了几道题，学习的节奏很慢。但在这个过程中，通过运用多感官参与，在协同“作业”的过程中，一是尊重了他偏动觉的学习风格，二是在学会几道题的过程中，在帮他掌握适合的学习方法，而一旦他找到了学习的感觉后，后续的学习节奏将会提速。同时，如果一旦他能在测试中提高成绩，他的学习兴趣、自信心都将得到发展。

事实证明，这样的方法对D同学是有效的，用这样的方法，循环往复坚持了两周后，在接下来的综合测试，他的政治学科成绩提高了近三分之一。在政治学科继续巩固的同时，数学老师开始用同样的方法跟进……

其实动觉型的孩子，一旦找到了学习的感觉，不再总是被“嫌弃”、被批评时，他们的聪明才智就会日益凸显。

D同学是高二时被干预的，高三由于高考压力，自觉意识会在压力下增长……多重因素累积，这位多年脑门上顶着“学困生”标签的阳光男孩，顺利考上了大学。

7 观察学习：榜样作用

7.1　小少年犯的悲剧

多年前，我采访过一个少年犯。看他的样子还挺小，模样也挺乖。到底是什么原因，使他被关进了少年管教所。带着疑问，我询问了警官。

因为模仿……

这个男孩，被关进来的时候只有12岁。他父母从农村走进城市，做点儿小生意，每天都很忙。他们一家在都市村庄里租房子住。据他妈妈说，孩子从小好奇心就特别强，为此常常惹事。从上小学一年级起，每天下午放学，他妈妈都会接他放学。小学5年级的时候，就有一天，他妈妈太忙了，没有接他。结果，他把一个7岁的小女孩，绑在树上，强奸了……

我当面询问这个尚不足13岁的男生，究竟是什么原因导致他犯事？他说："报告，我在录像里看过，就特别想试试，那天有机会，我就照着录像里的样子做了。"

听了男孩子的话，在场的我们都陷入了沉默……

模仿，究竟蕴藏着哪些需要调控的东西。家庭、学校、社会究竟应该给未成年人创造一个什么样的成长环境？该对孩子进行哪些教育？才能帮助孩子避免此类悲剧的重演？

7.2 心理实验故事

亲身参与的学习才是学习吗?

按照行为主义心理学的观点，学习是建立“刺激-反应”即S-R的过程，所以，学习一定是个体亲身参与的过程，没有亲身参与就无法学习。20世纪70年代，美国心理学家班杜拉在大量实验研究的基础上，建立了现代社会学习理论，对人的观察行为做出了比较全面而客观的解释。他提出，人的学习活动主要是通过观察他人在特定情境中的行为，审视他人所接受的强化，把他人的示范作为媒介的模仿活动。他指出，模仿是指按一种已有的行为模式习得与之相关类似模式的行为活动，它可以巩固或改变原有的行为，也可以使原来潜伏存在而未表现的行为得到表现，还能使人学到新的原来不会的行为。①

班杜拉在实验的基础上提出了观察学习理论，认为儿童通过观察他们生活中的重要人物的行为而学得社会行为。这些观察以心理表象或其他符号表征的形式储存在大脑中，来帮助他们的模仿行为。班杜拉的观察学习理论接受了行为主义理论的大多数原理，但是更加注意线索对行为、对内在心理过程的作用，强调思想对行为和行为对思想的作用。班杜拉的观察学习理论，对先前的理论提出了挑战。

榜样学习实验

为了比较和分析儿童目睹攻击性行为后的行为表现，班杜拉随机选取了两组儿童，一组为实验组，另一组为控制组。对于实验组的儿童，首先安排他们观看成年人对充气塑料娃娃进行攻击，攻击行为包括拳打、脚踢、谩骂等；其次把他们带到相似的房间里，里面有一个类似的充气娃娃，实验者通过单向屏观察儿童的行为。对于控制组的儿童，

① 班杜拉的实验故事参见：Bandura, A. Ross, D. &. Ross, S. A. Transmission of Aggressions Through Imitation of Aggresssive Models, Journal of Abnormal and Social Psychology, 1961(63): 575-582;

Bandura, A. Ross, D. &. Ross, S. A. Imitation of Filmmediated Aggresssive Models, Journal of Abnormal and Social Psychology, 1963(66): 3-11;

Bandura, A. Influence of Models' Reinforcement Contingencies on the Acquisition of Imitative Response, Journal of Personality and Social Psychology, 1965(1): 589-595.

先让他们观看成年人平静地玩充气塑料娃娃，毫无攻击行为，之后也把他们带到相似的房间里玩同样的充气塑料娃娃。

结果发现：实验组的儿童的攻击行为比控制组儿童的攻击性行为要多得多（表7.1）。这一结果证实了班杜拉的观察学习理论。

表7.1　儿童目睹侵犯行为后的行为表现

实验条件	攻击性行为的总量（得分）	
	有形的（打）	言语的（骂）
暴力模式（实验组）	17.73	8.18
平静模式（控制组）	1.05	0.35

从实验结果可知，儿童通过观察可以习得攻击性行为。若孩子很暴力，父母就要好好反省自己是不是经常采用暴力的方式来处理问题，家里是否经常为一些小事而争吵不休。那么，如果要控制孩子的攻击性行为，我们是否只要不让孩子接触那些暴力的、侵犯性的事件就可以了？答案显然是否定的。在现今这个信息化的时代，阻断儿童的信息源是有百害而无一利的，而且也是不现实的。你可能会问，许多儿童看了攻击性行为，可他们并未表现出攻击性，这又是为什么？怎样才能消除儿童的攻击性行为呢？

榜样的影响力

为了比较不同方式的榜样的影响作用，班杜拉又做了一个实验。

首先，实验者让小学三、四、五年级的儿童做一种滚木球的游戏，他们能在游戏中得到一些现金兑换券作为奖励。随后，实验者把这些儿童随机分成4组，每组有一个实验助手作为榜样。

第1组，助手扮演的角色是一个自私自利者，他劝说儿童把好东西留给自己，同时自己也带头不把现金兑换券捐出来。

第2组，助手扮演的角色是一个好心肠的榜样，他对儿童说自己得了好东西还要想到其他人，并且带头把现金兑换券捐献出来。

第3组，助手扮演的角色是一个言行不一的人，虽然嘴上说要把兑换券捐出来，但实际上却没有这么做。

第4组，助手扮演的角色和第3组的角色正好相反，他嘴上说要把好东西留给自己，但实际上却把兑换券都捐了出去。

从4组儿童现金兑换券实际捐献的结果来看，发现：第2组和第4组儿童捐献的比第1组和第3组都要多。实验结果表明，口头劝说虽然能影响儿童，但实际行为的影响力更为显著。

攻击行为模仿实验

为了揭示哪一种榜样的攻击性最能引起儿童模仿，班杜拉设计了不同人物的攻击行为，如真人、电影模特、动画模特等，进行比较分析。实验中，班杜拉把幼儿园的孩子随机分成4组，第1组儿童观看成人对玩具娃娃进行攻击；第2组儿童观看电影中成人对玩具娃娃进行攻击；第3组儿童则观看动画片，内容换为小猫攻击玩具娃娃；第4组儿童观看非攻击性行为。观看结束后，把儿童带到相类似的房间里，观察他们的行为是否表现出攻击性。结果发现，第1组儿童表现出的攻击性行为最多，说明真人的榜样力量最大；其次是电影模特，它对儿童的榜样影响力也相当大；动画片的影响相对较小。

攻击行为的替代强化实验

为了比较不同的行为结果对攻击性行为的强化作用，班杜拉又设计了新的实验。实验中，将幼儿园的孩子随机分成3组，让他们观看录像。录像的内容是一名成年男子攻击一个充气玩偶的画面。成年男子对充气玩偶又打又踢，边打边骂。攻击性行为结束后，这名男子受到了三种不同的对待。第一种是攻击者来到一组儿童面前，他受到了另一位成人的表扬，还给他汽水等奖励；第二种是在影片结束时，出现了另一个成人，他要惩罚攻击者，骂他是“大暴徒”，最后迫使攻击者因畏惧而逃离；第三种是既无奖励也无惩罚。不同组的儿童观看了不同结局的影片后被带到与影片有相似情境的房间里，里面也有充气玩偶及其他玩具。实验者仔细观察儿童的模仿情况。结果发现，看到攻击者被惩罚的那组儿童几乎没有表现出攻击性行为；而另外两组儿童都有模仿攻击性行为的表现，攻击程度相差无几。看来是惩罚起了作用，它阻止了儿童对攻击行为的模仿。

攻击行为与攻击行为的替代强化实验表明，儿童能够通过观察学习习得攻击性行为，并对行为进行模仿，而对攻击性行为的惩罚与否定，能阻止儿童对它的模仿。

班杜拉对观察学习的解释及贡献

班杜拉认为，行为的习得或行为的形成可以通过反应的结果进行学习，也可以通过榜样的示范进行学习。通过反应的结果所进行的学习是来源于直接经验的最基本的学习形式。但如果人们仅仅是通过自己的行为的结果进行学习，那将是非常缓慢且非常吃力的。同时，也将付出很大的代价。幸运的是，人类可以通过对榜样的观察进行学习，而且人类的大部分行为是通过观察榜样的行为而习得的。由此看来，观察学习在人类学习中占有十分重要的地位，尤其是儿童或学生的学习中，观察学习的地位更为重要。

观察学习是班杜拉社会心理学理论的核心概念，它是指人们通过观察榜样的行为，获得示范行为的象征性表象，并引导学习者做出与之相对应的行为的过程。观察学习又称替代学习，从替代的角度可以理解为，通过观察他人的行为及其强化性结果的观察，个体获得新的反应，或已有的反应特点得到修正。而在这一过程中，观察者不一定具有外显的操作反应。换句话说，就是儿童能通过观察别人的行为学到这种行为，与此同时，儿童还能进一步从别人行为的后果中学到间接的经验。

观察学习是儿童走向社会化，走向成人世界的第一步，家长和老师应努力做个好榜样，以帮助孩子走好人生的重要一步。

班杜拉认为，观察学习取决于四种相互联系的子过程，即注意过程、保持过程、运动再生过程和动机过程。他对自己提出的观察学习理论，特别强调以下几点：

首先，强调直接经验的学习和观察学习的重要性。班杜拉的观察学习理论是在研究传统行为主义学习理论的基础上发展而成的。他认为，观察学习是一种间接经验的学习，这种方式使学习的过程缩短，对人类的发展和生存来说是很重要的。观察学习是普遍存在的学习现象，它不仅更多地表现在人类的学习中，其实在动物的学习中也同样存在。例如，黑猩猩等就很擅长模仿人类的行为。班杜拉的观察学习理论，澄清了直接经验学习和间接经验学习的区别，这是学习理论研究的一个进步。

其次，强调人的行为是内部因素和外部影响的复杂的相互作用的产物。传统的行为主义学习理论忽视对学习的内部过程的研究和行为的认知因素，把人的行为看成是完全受外界环境控制和制约的，是由刺激和强化所决定的。班杜拉批判了这种机械论和环境论的观点，认为学习受认知过程的影响，行为受认知的调节和自我调节。班杜拉的学习理论打破了单一因素决定论的错误思想，这在学习理论中也是一个很大的进步。

其三，强调在学习动机方面，三种强化因素对学习的影响，即外部强化、替代强化和自我强化。在观察学习中，班杜拉尤其强调替代强化和自我强化的重要作用。所谓替代强化，是指观察者或模仿者在学习中不必直接受到外在强化，只要以其观察或模仿的榜样为媒介受到间接强化体验，就会做出相应的反应。也就是说，观察者在模仿榜样的行为时，是以榜样做出的反应所受到的强化为动力的。所谓自我强化，指的是人能够自发地预测自己行为的结果，并依靠信息反馈进行自我评价和调节。这无疑是强调了学习的认知性和学习者在学习中的主观能动作用。

7.3 运用心理实验发现，分析教育中的问题

在孩子成长中，在教育教学中，观察学习的影响在正负两个方向上都有很多典型案例。为了给孩子提供更好的模仿对象，所以才有“孟母三迁”的故事。为了给孩子提供更好的学习环境，给孩子选择更好的师者和同伴，挖

掘好榜样的教育作用，学区房才会如此紧俏。而本节开头中的真实故事，则是典型的观察学习负效果的体现。对于那个孩子，如果他的强烈的好奇心和探索精神用在了科学探究上，或许能使他成为不可多得的人才。但囿于环境中不良诱因的出现、性教育的缺失等多种因素，导致他在模仿体验过程中，成为危害他人的少年犯。

小小少年犯的悲剧让我们在叹息的同时，更要追问：社会、家庭和学校，到底该给未成年人提供怎样的环境，才能促进他们健康成长？身教重于言传的中华优秀传统，怎样才能在成人身上更好地体现？在少年儿童成长过程中，离他们最近的、他们身边的人该如何做，榜样力量才能更好地发挥示范、引领和促进作用？

班杜拉的观察学习理论告诉我们，榜样对学生行为习惯的形成具有重要作用。实验已清楚地揭示：对不良行为的惩罚与否定，能阻止儿童对它的模仿。所以，应从源头上思考，努力为孩子营造健康、阳光、积极、向上、充满正能量和真善美的家庭、学校、社会环境。在了解了榜样学习的心理机制和学习特点之后，我们应遵循这些心理规律，合理使用榜样教育，科学发挥榜样学习的积极作用，防范和避免不良影响。

7.4 运用观察（榜样）学习的策略与建议

第一，遵循孩子模仿学习的规律，帮助孩子选择合适的榜样

人的行为模仿一般都呈现：由近及远，由小到大，由无意识到有意识的模仿，由游戏的模仿到生活实践及学习知识技能、思想品德的模仿，由外部特征的模仿到内部特质的模仿的趋势。因而对于年龄较小的孩子来说，应该侧重他对周围环境、身边人物的直接模仿。对于一年级的小学生来说，表现优秀的同桌会比为教育事业奉献一生的教育家更有影响力。对于年龄稍大的孩子，则可以选择一些杰出的、有影响力的榜样，通过学习榜样的某些思想特质或精神，激励孩子，从而起到好榜样的正向引导、鞭策与激励作用。

第二，引导孩子客观地认识和接纳榜样

在榜样教育的过程中，尤其要注意榜样的合理宣传，切忌将他们塑造成高大完美的不食人间烟火的“神”。榜样教育的目标在于通过学习，使孩子领悟到榜样的优秀之处，从而引导他们主动调控自己的行为，向榜样靠近。如果宣传的榜样高高在上，难免会产生曲高而寡的感觉，令人敬而远之。所以在有意识地为孩子树立学习榜样时，既需要引导孩子客观地认识榜样，明白人无完人，正因为榜样也是普通人，因而要学习他们的用心与努力，滴水穿石，持之以恒，就能在很多方面做得更好，以此促使榜样贴近孩子的生活。同时，也能帮助孩子理性地分析问题，提升他们的判断能力、思维水平。

第三，运用丰富多样的方式增强榜样的示范作用

攻击行为实验已揭示：真人示范在榜样教育中影响最大，效果最好。但真人示范会受到时间与空间等各种因素的限制，作用的范围较小。而利用网络、电视、电影等多媒体技术，将真人示范录制下来进行宣传，其影响效果虽有所下降，但能突破时空限制，影响的时空范围会得到拓展。因此，可以根据实际需求，有针对性地选择、设计适当的榜样示范方式，或采用多种方式相互补充，从而使榜样示范作用最优化、最大化。

第四，家长的榜样示范作用的挖掘和运用

家长是孩子的启蒙老师，对孩子的健康成长具有不可替代的奠基性作用，对于孩子好习惯的养成、高素养的形成具有潜移默化的作用。所以，父母对家庭教育成效具有义不容辞、不可推卸的责任，需要为孩子树立良好的榜样，以身作则，用实际行动影响和带动孩子。我们常说每个问题学生的背后都有个问题家庭。问题显现在孩子身上，症结与根源在家长那里。因此，家长的榜样示范作用必须要努力挖掘和有效运用。对此，给出以下建议：

建议1：尊重养育规律，不同阶段努力尽到家长的养育责任

从孕育到成人，不同的阶段有不同的养育规律。如：婴儿阶段要抱着养，以建立安全的依恋关系；幼儿阶段要牵着手养，以保障爱探索的孩子的安全；儿童阶段要看着养，让孩子尽量在视野范围内，以利于观察和及时调控；而青少年阶段要想着养，防止本能反应导致冲突，教育效果适得其反。

建议2：营造和谐氛围，为孩子提供一个充满爱的成长环境

本书第4个实验故事，也就是哈洛的依恋实验已经告诉我们，母子依恋关系是早期养育的关键因素。孩子的成长不仅需要物质的满足，更需要爱的抚慰和触摸，来自母亲温暖的、无条件的、源源不断的爱与接触，不仅能满足孩子成长过程中安全的需要，也有助于整个生命的社会性发展。

研究已证明，家长对孩子的态度和抚养方式与儿童的攻击性行为之间有着密切的联系。虽然惩罚是抑制攻击性行为的一种方式，但对于控制儿童的攻击性行为来说，仍需谨慎使用。因为惩罚本身也是一种攻击性行为，特别是父母的暴力性惩罚，是孩子攻击性行为模仿的原型。家庭成员之间如果很少出现爱的表达或表现，而常常争吵不休，甚至暴力相向，那孩子的攻击性行为表现就会凸显，甚至有孩子因长期目睹父亲家暴母亲，在想保护母亲却遭到暴打后，埋下了仇恨、报复的种子，在16岁时行凶杀人。心理学家在对其进行情景还原时，这个孩子看到的是：8岁时，他的爸爸脚踩着妈妈的头……孩子说，那一刻，他就想动手杀人。惩罚孩子必须是理性的，不能把孩子当成是自己的出气筒。否则，不仅不利于孩子形成正确的是非观，也削弱了惩罚的效果，导致发生不良后果。

马斯洛的需求层次理论，让我们明白，如果想让孩子达到自我实现，在其成长过程中，应满足他们的“生理、安全、爱与归属和尊重的需求”。因此营造和谐、温暖、充满阳光的家庭环境，是父母给孩子最好的成长礼物。

建议3：学会恰当宣泄，帮孩子找到一条释放能量的合理渠道

弗洛伊德认为，侵犯的倾向是人的天生的、独立的本能倾向。随着孩子

一天天长大，当孩子进入青春期，身心时常处于强烈的动荡状态，尤其是一些男孩子，他们的能量超乎寻常。这些能量能够合理利用，会帮助他们更好、更快地发展；而当这些能量释放到不当的方面，则难免产生不良后果乃至酿成恶果。因此，必须未雨绸缪，帮孩子找到一条合理释放能量的渠道，及时地宣泄不良情绪，将身心调控到正向、积极的活动或事情上来。例如，从小培养孩子某项体育技能，引导他们参加各种体育活动，在竞技比赛中，潜移默化地学会遵守规则、尊重他人、吃苦耐劳、勇于挑战的阳光向上的品格；再如，根据孩子的兴趣爱好或个性特长，选择一项他们擅长的艺术项目，等等。无论选择什么，关键是一旦选择，就要培养坚持到底的坚韧意志，这才是孩子更好调控自身的重要根基。当孩子拥有恰当的释放能量的“出路”时，那么他们遭受挫折、打击时，就不仅拥有合理的载体支撑自己去面对，还具备了及时调控心理压力的渠道。

作为老师、家长尤其是家长，应该着眼长远，为孩子健康发展早做铺垫，搭建桥梁，以帮助孩子平安、健康地长大。

8 身心健康：坚持运动

8.1 究竟是什么使这个抑郁的孩子一点点走出阴霾？

在接待过的孩子中，最令我感到压抑的是这个孩子：

当我们第一次面对面沟通时，他不是低着头，就是扭着脖子，自始至终没和我有过一次眼神的交流。

这个孩子曾因抑郁症休学了一个学期。当他的同学纷纷踏入高中大门，开启新生活时，而他却再一次回到初中，跟着学校新一届的初三，继续初中阶段的学业。但令人遗憾的是，仅仅过去了一个多月，他就出现了新问题。他用小刀划自己的胳膊，小臂上，一道又一道……惨不忍睹。国庆期间，他拍下了自己伤痕累累的手臂，把照片发给了班里另一位同学，结果那个学生也在自己的胳膊上划了两刀。

因为担心孩子在学校出现安全隐患，班主任通知了孩子的爸爸。但孩子不愿意离开学校，他不愿意回家。可在课堂上，他已无法正常学习，虽然服用药物，却依然无法集中注意力。面对孩子的问题，他的爸爸非常无助。看着孩子的爸爸瞅着自己的儿子，小心翼翼地附和着孩子的话时，我能感受到他内心的无助。

第二次和这个孩子沟通时，和第一次大相径庭。他似乎瞬间被点爆，情绪失控。

第三次是和孩子的爸爸单独见面，看着孩子的诊断单，存在自杀风险。面对孩子的问题，孩子的爸爸和我达成了两项共识：首先，我们都不愿意冒“失去孩子的风险”；其次，我们得想方设法帮助孩子走出心理阴影。所以，一方面要继续服药治疗；另一方面是竭力寻找突破口，增强孩子内在的力量……

经过了一段时间，终于孩子又一次和我面对面，这次我们聊了30分钟。他看着我，诉说着自己的心理变化：“从初二开始，不知道怎么回事，好像突然间惊醒了。以前，感觉什么也不知道，可突然间就开始思考各种奇奇怪怪的事儿，比如，为啥只有父母会对孩子义无反顾的好？为啥他们大多都很爱自己的孩子，可有的父母却虐待自己的孩子？好多个问题包围着我。我觉得，常常有3个小人在打架。心理医生说，这是本我、自我和超我在打架。我能感受到，他们打得很激烈。有时我自己明明心里明白该怎样做，可另一个我偏偏要反着来，就是不那样做……我控制不住自己，有时会划自己的身体，但不觉得有什么不对……”

沉默了一会儿，他接着说：“我最近在打羽毛球，我太胖了。刚开始，跑一会儿，我就喘不上来气，别说接球了。”他看了看我，我看着他，他继续说：“老师，你放心，我不会再伤害自己了。因为打球会出汗，我很想穿上短袖的球衣，可是我的胳膊上都是疤痕，我不好意思亮出来，所以我特别想把这些疤去掉……”他低下头，叹了口气，语气沉重地说：“现在学习跟不上了，我想以后上个技校什么的，或者可以专门打球，我喜欢打球，出完汗，很爽快……”

似乎是打羽毛球，使这个孩子从心理阴影中走了出来，运动真的有这样的魔力吗？

8.2　心理实验故事

运用体育游戏，预防和治疗小学生心理障碍的实验研究

为了测试体育游戏对小学生心理问题的干预情况，我的硕士论文对此

进行了实验研究。[①]

实验对象的确定

首先，在一所城乡结合部小学五年级的6个班中，运用小学生不良心理倾向问卷，进行前测，统计学生情绪、认知、社会适应3个维度各自的总分，计算平均分，建立常模。然后，打破班级界限进行分班，组成不同维度的3个实验班和3个对照班。实验班（每班）30 ~ 32人，男女各一半；对照班组成方式同实验班。实验班和对照班学生的具体选择办法为：

第一，把低于常模的学生，从后向前推，按照匹配的方法，组成实验班和对照班，即：实验前、实验班和对照班经过配对样本T检验，无显著性差异。

第二，将低于常模、得分最低的学生分入实验班，得分较高的组成对照班，经过T检验，两个班有显著性差异，期望通过实验，使两个班同质，无显著性差异。

实验班利用课余时间，进行为期8周的实验，每周进行两次各40分钟的有针对性的体育游戏，实施刺激。对照班不实施体育游戏刺激。

实验过程

实验1班：针对情绪问题

依据学生在前测中情绪方面的成绩，从后向前推，将男女同学中得分最低的各16名学生（共计32人），组成了实验1班（下文称X1班）。

实验中主要采用宣泄性、释放性强，有一定运动量和强度的体育游戏，如："螳螂捕蝉，黄雀在后""贴烧饼""换物（障碍）接力赛""三角拔河"等追逐、奔跑、角力游戏，促使学生积极主动地参与活动，在活动中通过体能的消耗，不断释放出郁结在心中的不良情绪。

① 刘历红．运用体育游戏预防和治疗小学生心理障碍的实验研究［D］．长春：东北师范大学．2006（12）.

本项实验中重点使用的游戏活动方法如下：

“螳螂捕蝉，黄雀在后”游戏：在等边三角形上，甲、乙、丙3队各占据一个角，并顺时针延长边线，作为起跑点。各队的人数相等。听到“预备”口令后，各队1号队员站在起跑点，“跑”的命令发出后，1号队员沿三角形边线顺时针跑，跑完一周后，3人可进入内圈追逐自己的目标，甲追乙，乙追丙，丙追甲。谁率先捉到自己的目标，就将目标带入己队。依次进行，最后以各队的人数多少定胜负。

“贴烧饼”“换物（障碍）接力赛”“三角拔河”等游戏，方法与普通游戏书中的方法相同，不再细述。

同时，在游戏中留出学生反思的时间，引导他们思考活动胜负、快乐与否跟自己心态的关系，进而诱导学生进行思维的迁移——要像在游戏中那样，积极勇敢地面对生活、学习中遇到的各类困扰；只有有意识地调节控制自己的情绪，才能成为自己情绪的主人。

实验2班：针对认知问题

根据学生在前测中认知方面的分值，从后向前推，将男、女同学中得分最低的各15名学生（共计30人），组成实验2班（下文称X2班）。

实验中主要采用反口令练习、反贴烧饼、叫号接球等体育游戏，强化学生的注意力、记忆力、观察力、思维力等智力因素，以不断提升学生的认知水平。为了提高学生参与活动的兴趣，将游戏内容、形式进行改造创新。本项实验中使用的游戏活动方法如下：

一是队列反口令游戏：该游戏一般是一个维度原地的反向练习（例如，口令“立正”做“稍息”动作），实验中将其提升为两个维度或是运动中的活动，如“左手向上”对应“右手向下”，是两个维度的动作反应活动。又如，将用手比画的“大小西瓜”游戏，更换成用脚跳的反向练习活动。随着游戏难度的不断升级，思维与动作协同的难度也随之倍增，学生在活动中被游戏的新奇、刺激深深吸引，参与热情高涨，注意力、想象力、思维力等不仅得到高强度训练，而且挑战难度的意识也得到同步发展。

二是“反贴烧饼”追逐游戏：实验中，该游戏的被追者（乙）贴到某个

“烧饼”上后，追逐者（甲）不是像常规游戏中那样，继续扮演甲的角色，去追被挤出的“烧饼”（乙），而是突然变换了角色，自己变成了乙，而被挤出的同学则成为甲。角色的突然变换，促使游戏者的注意力、观察力、思维力、反应力和奔跑力共同发生作用，尤其是当有两三对追逐对象同时活动的时候，游戏的刺激指数不仅倍增，而且游戏者注意的持久度和广度、反应的速度、运动思维的预测能力等品质，也一并被激活和训练。

三是“击掌变换”游戏：学生听掌声做出事先规定好的各种动作，以锻炼学生的记忆力。

四是“找领袖”游戏：不论是在活动中跟着某个学生变换花样，还是要想找到这个学生，对于两个角色中的学生而言，观察力是游戏顺利进行的基础。

五是“明三暗三”向上跳游戏：学生在游戏中，必须要集中注意力，准确思考才能避免自己出错。

实验3班：针对社会适应问题

将在前测中社会适应得分低于常模的学生，男、女各15名，经过匹配分组，组成实验3班（下文称X3班）。实验对象共有30名。活动主要采用交往性、互动性、合作性强的游戏，进行有针对性的刺激，提升学生自我认识、集体意识、合作水平，同时引导他们充分体验集体活动的乐趣。游戏方式为：

一是“火车”赛跑：把学生分成人数相等的2路或4路纵队，第一位同学左手置于腰间，右手抬后一位同学的脚踝，从第二位同学开始，每位同学的左手搭在前一名队友的左肩上，右手抬后一位同学的脚踝，组成“火车”，“火车”之间比赛奔跑速度。

二是穿越隧道：学生面对面站立，相距两臂距离，两臂伸直，两手相握举起，建成隧道。两个学生或是背对背左右通过隧道，或是面对面、手拉手成“小矮人”状通过隧道；出隧道后，立即成为隧道的一部分，站在前面的一对搭档，则迅速组合，穿越隧道。队和队之间比赛速度或是搭档之间比赛快慢。

三是贴身跑：学生前后之间胸部贴近，空隙不超过20厘米；队与队间，比赛在相同距离内各队间哪个队队形保持得好，而且速度快。

四是跑四角：传统规则是一个人追，其他人跑，躲入四个角可以暂时休息，但是被追上或是出界则被淘汰出局。在本实验中，变游戏规则为两个人合作追，当被追逐的学生全部出局后，一局游戏结束。通过计时，用时最短的搭档为胜利者。

此外，背人、侧向前进、进退自如等比赛活动，以及篮球、足球、毽球比赛等技术性强、合作要求高的游戏，也是刺激源，都受到了学生的欢迎。尤其是篮球和足球比赛，更是备受学生喜爱。

实验中，预留给全班或是各小队（组）一定的时间，引导他们讨论如何制定和运用战术、怎样面对胜利与失败等问题，促使学生认识个体与集体的关系，认识团结合作、相互鼓励的重要性。

实验发现：经过体育游戏的刺激，学生的社会适应、认知、情绪有明显改善。

（1）实验班在参与实验前后，自身发生显著变化。

表8.1　实验班实验前后自身对照T检验结果

时效	X1（情绪班）	X2（认知班）	X3（社会适应班）
前测	2.99330	2.72667	2.86111
后测	3.33259	3.04333	3.46875
T（P检）	–2.508（.018）*	–4.623（.000）**	–6.788（.000）**

注："*"为$P<0.05$，表示差异显著；"**"为$P<0.01$，表示差异十分显著；无"*"为差异不显著。下同。

表8.1显示，三个实验班在参与实验前后的测试数据，都有显著性差异；其中X2班和X3班在实验前后具有高度显著性差异。这说明，经过体育游戏的刺激，学生的情绪、认知、社会适应等有显著改善，其中社会适应能力的改善最大。

（2）实验后实验班与对照班相比，变化幅度更大。

表8.2 情绪T检验结果

X1班	前测	后测
实验班	2.99330	3.33259
对照班	3.06920	2.98884
T（P检）	−2.810（.009）*	1.768（.087）

表8.3 认知T检验结果

X2班	前测	后测
实验班	2.72667	3.04333
对照班	2.76333	3.11333
T（P检）	−3.612（.001）**	−.689（.496）

表8.2显示：X1实验班和其对照班，在实验前有显著性差异，实验班在前测中的情绪得分低于对照班。表8.3显示，X2实验班和其对照班，在实验前有特别显著性差异，实验班在前测中的认知得分低于对照班。但经过体育游戏的刺激后，两个实验班在后测中与其对照班的差异消除。这说明，经过体育游戏刺激，实验班已经赶上了对照班，二者之间的差异消除了。

表8.4 社会适应配对样本T检验结果

X3班	前测	后测
实验班	2.86111	3.46875
对照班	2.90972	3.17014
T（P检）	−1.698（.100）	2.399（.023）*

表8.4显示，在实验前，X3实验班和其对照班在社会适应方面，无显著性差异。经过体育游戏的刺激，实验班与对照班产生了显著性差异。这说明，体育游戏对提高学生的社会适应能力是有效果的。

结论与分析

体育游戏能显著提高小学生社会适应能力

实验班自身前后比较，情绪、认知、社会适应都有显著性差异，认知和社会适应有显著性差异。其中，社会适应的提高幅度最大。这说明经过体育游戏的刺激，学生的心理状况有显著性差异的良性变化。为什么社会适应的提高幅度最大？

在社会学中，社会适应是指个体或群体调整自己的行为，使其适应所处社会环境的过程。社会适应能力（又称社会健康），指个体与他人及社会环境相互作用、具有良好的人际关系和实现社会角色的能力。个体社会适应能力的高低取决于个体社会化程度的高低。社会化是指人的内化、角色学习和获得价值观的统一过程。在这一过程中，个体必须适应自己生活的社会变化，在与他人的交往和互动中逐渐形成自我观念，协调人际关系，学习和体验不同社会角色，学会承受各种挫折。

游戏“火车”赛跑、贴身跑，小队要始终保持前后队员相互间身体的密切接触；跑四角、穿越隧道、背人跑、双人背靠背侧向跑等是双人合作进行的游戏，这些游戏增强了学生交往的频繁性和合作的直接性，学生必须要不断调整自己，才能与别人配合默契。这类游戏能在短时间内打破个体心理上的交往障碍，增进情感，巩固友谊，提高社会交往能力。游戏中，学生必须处理好各种冲突，学会妥协和顺应，合作与竞争，学习各种规则。这种不断学习、不断调适的过程，就是个体社会化的过程，也是个体不断提高社会适应能力的过程。同时，游戏中时时处处都充满了竞争，其中既有对自己运动能力的挑战，也有与他人的争胜，既有人与人之间的竞争，也有团队之间的竞争。竞争的结果总是胜负相伴，这既能激励学生追求胜利，也能锻炼学生不怕失败和承受挫折的能力。这种挫折体验对学生既是一种心理磨炼和心理调适的过程，也是不断提高社会适应能力的过程。

体育游戏能帮助小学生调节情绪

数据显示，X1（情绪）班，实施游戏刺激前对照班的平均值（3.0692）显著高于实验班（2.99330）。进行游戏刺激后，实验班的平均数提高到3.33259，而对照班却下降到2.98884。这是什么原因？

前测是在学期中进行的，学生尚未感到考试压力，而后测时，临近期末考试，每个学生都面临考试，备感压力。实验班的学生通过每周两次游戏，紧张、压抑等不良情绪得以及时宣泄，因此虽面临考试但情绪却强于学期中的状态。反观对照班，尽管学期中的情绪状态好于实验班，但是由于没有实施游戏刺激，因而面对考试紧张指数不断上升。

情绪状态是衡量心理健康最主要的指标，学生在紧张的学习过程中，经常会在学习、生活、同学关系等方面，产生紧张、忧愁、压抑、恐惧等不良情绪反应。而在体育游戏中，由于大脑皮层处于较强的活动状态，体温升高以及脑内内啡呔释放等原因，可以转移个体不愉快的意识、情绪和行为，降低焦虑，消除忧郁，摆脱痛苦和烦恼，分散注意力，缓解心理压力；同时，能够改善孤独、胆怯、优柔寡断、缺乏信心等心理缺陷，增进心理健康水平。

体育游戏对认知有改善作用

在认知维度方面，纵向检验（实验班前后比较）有高度显著性差异，横向（实验班和对照班比较）检验从前测的有高度差异到实验后无差异，说明体育游戏对小学生认知有改善作用。

击掌变换、找领袖等游戏，着重训练学生的观察力和记忆力。难度系数高的反口令、反贴“烧饼”、明三暗三向上跳等游戏，在增加活动刺激指数的同时，不断提升大脑皮层的兴奋性，增强神经系统的均衡性和灵活性，使学生对体外刺激的反应更加迅速、准确，使思维的判断、反应及分析综合能力不断提高。

8.3 原因探析：为什么运动能有效提升人的心理健康水平？

脑科学研究发现1：运动能使大脑释放出令人愉悦的生理物质[①]

美国著名临床神经科学家、儿童及青少年心理卫生专家丹尼尔·阿门，利用先进的脑部SPECT扫描技术，从5000多份脑部检查中得出：焦虑、抑郁、多疑、有被压迫感或很容易感到心烦意乱时，通过强化脑部功能以上问题都能够得到进一步的改善。他为人们开出了强化脑部功能，克服焦虑、抑郁、强迫、愤怒和冲动的大脑处方。其中，运动治疗法是处方中的一个方法。他发现：在运动过程中，大脑会释放出令人产生幸福感的内啡呔，而大脑的边缘系统有许多内啡呔感受器。此外，运动还可以增加大脑的血液流量，为大脑带来更多的营养，使大脑能够更加健康、全面地发挥功能。良好的血液循环能使大脑深层边缘系统健康、正常地运作，从而改善人的情绪。

脑科学研究发现2：运动能缓解忧虑和提高人的认知能力

丹尼尔还发现，运动对于缓解忧虑和提高人的认知能力也很有帮助，因为运动可以提升大脑内左旋色氨酸的含量，左旋色氨酸是一种较小的氨基酸类型，它在和较大的氨基酸类型竞争进入大脑时，往往处于弱势地位。但是，当人处于运动状态时，大型氨基酸会被用来补充肌肉力量所消耗的能量。因此，它在血液中的含量会减少。另外，运动也能提高人的活力，使人摆脱消极思维的困扰。

心理学家研究还发现：智力技能和知觉动作技能同源

美国心理学家Rosenbaum等人提出：智力技能

① 脑科学的研究发现，参考文献是（美）丹尼尔·阿门的著作《大脑处方—克服焦虑、抑郁、强迫、愤怒和冲动的突破性方法》，该书由肖轶，郭小社翻译，中国社会科学出版社2003年1月出版。

（intellectual skill）和知觉动作技能（perceptualmotor skill）同源性的观点。他们认为：尽管智力技能和知觉动作技能表面看起来不同，但是个体习得他们的途径基本上是一致的。例如：从神经系统来看，传统观点认为小脑主要与动作的协调和控制有关。小脑受损会导致异常的动作症状，比如肌肉衰退、动作启动迟缓、动作计划错误和震颤。然而，自20世纪80年代中期以来，已积累了确凿证据表明小脑也具有认知功能。临床研究揭示，小脑损伤会导致条件作用和持续性时间障碍。对发育紊乱的儿童神经研究发现，小脑功能失调与自闭症、威廉姆斯综合征有联系。脑成像研究发现，小脑在执行如语言生成、序列学习、触觉分辨和工作记忆中信息保持等任务时都很活跃。因此新的观点认为，小脑不仅在知觉动作技能也在智力技能方面有重要作用，不应把小脑看作纯粹的知觉动作技能器官或纯粹的智力技能器官，这两种区别在小脑中并不存在。①

心理学家还发现，脑中存在着“动作—认知—情感”的功能环路假设，并认为这是动作与心理活动联系的物质基础，反映了脑活动的系统性和动态组织原则。美国心理学家基恩（Kyen）对1750名心理医生进行了调查，其中60%的心理医生认为，体育锻炼是治疗焦虑症的有效手段之一，80%的心理医生认为，体育锻炼对治疗抑郁症非常有效。

8.4　运用心理实验发现，分析教育中的问题

运动能全方位提升学生的各项身体和心理素质

学生在运动时会不由自主地全身心投入，忘记原来的烦恼。学生的注意力、观察力、记忆力、思维力、空间判断力、组织协调力、身体控制力等，在运动锻炼中能够得到全方位的训练。这正是实验班学生在实验前后发生明显变化的根本原因，也是在突发事件面前长期运动的孩子能“心有余、力又足”的根本原因。例如：2008年“5·12汶川地震”后的第八天，我作为心

① 杨宁．动作和运动在儿童早期心理发展中的作用．[J]．体育学刊．2005.12.（2）．P43-46.

理志愿者到达重灾区四川省都江堰市聚源镇。一个初三的学生引起了我的注意。地震时，他所在的教学楼整体“坐”了下去，他却在教学楼坍塌前的瞬间，从教学楼的三楼跳了下来，竟然奇迹般地毫发未损。原来，这个孩子是学校田径队的跳远运动员，在教学楼下沉的瞬间，他跃起跳下，并在落地时缓冲前滚，安全着地。我还见到了另外两名幸免于难的初三学生，他们也都是校田径队的运动员。他们说，是平时训练中养成的反应快、动作快的习惯，使他们逃过一劫。但请读者不要效仿这个危险动作。

竞赛性游戏让学生在参与中不断提升心理承受力

在竞赛性游戏中，学生的心情随成绩变化而经受喜、怒、忧、烦、悲等情感磨炼，这种磨炼不仅能增强学生的心理承受力，而且还能帮助他们正确看待成功与失败，感悟个人与集体之间的关系。同时，激烈的竞赛游戏，不仅考验学生的意志力，还是检验勇敢、合作、敢于超越等精神的竞技场。长期运动，意志力坚强，更是孩子有发展后劲儿的关键。我女儿上小学时，先是练了一年半武术，接着打了三年半乒乓球。进入初中，第一学期她的成绩很一般，第二学期期末，考试成绩已跃居年级第八。她在总结自己进步的原因时说：“打球的时候，我们天天都会赢球，也会输球。只要有目标，认真又用心，一个球一个球地好好打，天天坚持，肯定有长进。学习也一样，只要不灰心，肯定会有进步！”

运动中的人际交往是对学生社会交往能力的有效训练

现在的学生多为独生子女，其独特的生存状态既破坏了他们天然的活动源——兄弟姊妹间的游戏，也破坏了他们人际交往的天然训练场；各种辅导班、特长班又往往剥夺了孩子本应该拥有的游戏时间；生存空间的狭窄、运动条件的匮乏、周边环境的不安全因素，加之被手机所控制，等等，使今天的孩子孤独而疲惫地成长。而运动中的人际交往或冲突，使学生增加了与人交往合作的机会，拥有了学习社会交往的训练场，学生的社会适应能力就在一次次的交流中得以提升。

8.5 提高重视帮助孩子养成坚持运动好习惯的思想认识

运动不足，身心受损

随着现代社会文明的飞速发展，现代化生活工具的日益普及和应用，一方面把人们从繁重的体力劳动中不断解放出来。另一方面，也导致人的体力劳动、身体运动严重匮乏。体力活动，尤其是基本的运动活动的缺失，不仅带来了日趋增长的“现代文明病”（即运动缺乏病），如：高血压、心脑血管病、糖尿病等，还使处于亚健康状态的人群不断扩散，严重威胁着人类的生命健康。同时，随着人们运动量的减少，诱使人们产生了心理疾病，而心理疾病往往又是身体疾病产生的温床。人类就在这样的状态下，发展着自己的社会属性，而其生物属性（身体需要运动的一面）被严重压抑。这种压抑，导致人们的身心扭曲，问题层出不穷。

让孩子摆脱肢体无力的自卑感

随着经济的发展，现在的孩子已经难以像祖辈那样，为生活而从小“劳其筋骨、饿其体肤”；当今就业的高度压力，导致家长自己没时间陪孩子活动，同时为了让孩子未来更有竞争力，能更好地生活，早期教育从孩子童年甚至从生命孕育就已经开始。家长给孩子报的各种辅导班、特长班，往往是功利性很强的，往往以剥夺了孩子本应该拥有的游戏，以摧残孩子的天性、牺牲孩子活动的时间为代价的。今天的孩子，从小住在蜗牛壳一样的房子里，在辅导班的赶场中一天天长大，他们常常把电视、计算机、手机当成是最好的朋友，时常独自趴在阳台上，羡慕地看着天空飞翔的小鸟，费解地阅读祖父辈们童年的故事，在迷惑中渐渐成长。肢体运动的无力和无能感，一方面严重损伤孩子做事的自信心；另一方面，认知的巨人和行动的矮子，导致孩子的心理状态经常处在矛盾中，这种矛盾冲突越强，孩子的心理问题就越严重。

让孩子在体育游戏中健康成长

心理问题存在累积性，如小学生的心理问题较其他年龄阶段而言，有程度浅、易治疗、恢复快等特点，如果在这个年龄阶段及时地采取干预措施，会得到事半功倍的效果。

体育游戏作为中小学生心理干预措施有以下优势：一是孩子乐于接受，不会产生心理负担；二是游戏中，他们会不由自主地全身心投入，忘记原来的烦恼，促使注意力有效转移。转移注意力本身就是心理治疗的一种手段；三是竞赛性游戏中，孩子的心情将随成绩变化而经受喜、怒、忧、烦、悲等情感磨炼，这种磨炼不仅能增强学生的心理承受力，而且适时适度的引导，还能帮助他们正确看待成功与失败，感悟个人与集体之间的关系。同时，激烈的竞赛游戏，不仅考验学生的意志力，还是检验勇敢、合作、敢于超越等精神的竞技场；四是游戏中的人际冲突是孩子交往能力的训练场；五是注意力、观察力、记忆力、思维力，以及空间判断力、组织协调力、身体控制力等，在游戏中能得到全方位的练习。

尊重生命本质，满足健康条件，
确认运动是生命健康存在之元条件

心理问题日益严重是不争的现实，人们都在寻找经济、便捷、高效的预防和治疗措施。其实，最简单的方法就是转变思想，尊重生命本质，满足健康条件，确认运动是生命健康存在的元条件。[①]按照精神分析学派创始人，弗洛伊德的观点：人的任何心理问题，都可以在童年

① 刘历红. 体育游戏：学生身心健康成长的“元条件”[J]. 中小学管理，2012（8）：15-17.

经历中找到原因。

因此，无论是老师还是家长，尤其是家长，想方设法地让孩子去运动、游戏，哪怕每天仅有半小时，孩子的身心也会健康发展。

8.6 帮助孩子养成坚持运动好习惯的基本做法

第一步 从婴幼儿期间，就主动促使孩子做运动，例如给宝宝做肢体操，让孩子学游泳等。

第二步 儿童时期，尽量创造条件，帮助广泛接触各类运动项目，在此基础上，根据孩子的兴趣或特长，让孩子既全面发展又有意识地坚持练习某1～2个运动项目，当然也包括舞蹈等项目。家长要明白，孩子未必将来以此为业，但坚持中不仅仅是在训练、发展孩子的体质，提高孩子的综合素养，还在培养孩子的意志，更是在为未来高品质的生活奠定基础。从教育目标新分类系统来说，就是在发展孩子的元认知系统和自我系统。

第三步 青少年时期，能全面掌握1～2项比较专业的运动技能，力争每天都坚持运动1小时。无论是在基础教育领域的中小学，还是进入其他专门领域，坚持运动，对于孩子身心健康发展都是必要的。

对家长和孩子的提醒

在运动习惯培养的过程中，开始阶段考验的是家长的意志品质，这既包括家长以身作则的榜样示范，也包括家长在孩子遭遇困难与挫折时的严格要求，更包括家长的“严酷”乃至“冷血”的严苛训练。所以，家长要从育人的角度，从长远发展的，为孩子一生所需的素质出发，忍受孩子当时的不理解甚至是反抗。对孩子的性格塑造应赶早一点，这样既有利于孩子习惯的养成，也容易积淀习惯的力量。因为塑造好习惯比改造不良习惯的难度系数要小得多。

以我自身的成长经历来说，我认为，从小帮孩子养成运动的习惯，是家长给孩子人生最宝贵的财富之一。

当然，在孩子运动习惯的培养过程中，需始终贯穿思想动员工作，需始终有智慧性策略支撑。事实上，一旦孩子养成了运动习惯，一切就会更容易走向顺畅。所以，前期的努力与坚持至关重要。

真心期望，我们的孩子、我们的老师和家长，都爱运动，都有运动的内在需求，都能体验到运动带来的快乐与美好！

下篇

让建设自己成为我们的习惯

建设更好的自己，相信是每个人的愿望。

下篇中的8个故事，旨在帮助我们掌握建设更好的自己的策略方法。古今中外，有很多自我建设的成功案例。比如，31岁的曾国藩给自己定了每天要完成的12条功课，简称日课12条，从早起到夜不出门，从读书、练字到每月输出学习成果等。再如，本杰明·富兰克林的自律13条，从态度的谦虚到行动的勤奋，从做事有序到保持整洁，从真诚正义到中庸冷静，从内到外，全方位修炼自己……从他们身上，我们看到了“持之以恒 事无不成”的滴水穿石之功效。

如果说，选择相信是我们的主观意愿。那么，别人选择相信我们则是客观反馈。信任是一种巨大的情感力量。为了赢得这种力量，希望我们能积极主动地建设自己，培养良好的情绪管理、向内归因等行为习惯，并坚持不懈，反思修正，定能遇到更美的自己。

9 情绪管理：战胜小魔鬼

9.1 好好的孩子，为啥突然就变成了小魔鬼

很多家长和老师都有同样的困惑：好端端的孩子，因何秒变成魔鬼？

一天上午，有位非常优秀的9年级的班主任在微信上给我留言："红校长您好，您有时间吗？有个棘手的问题想向您请教！"

随后，他发来了两张照片。第一张，显然是个孩子的卧室，但映入眼帘的是满地狼藉，书桌上、地面上、床边，到处都堆满了书籍、本子，房间里找不到一处可以下脚的地方；第二张，则是这个房间的另一个角落，因为高低床的扶梯一模一样。这张照片显示的是书桌被惨遭蹂躏的景象：抽屉被扔在地上，旁边是课本；三块短板子胡乱叠放在桌上，长板子横担在三块板子和一个抽屉的上面，顶上还放着一本书……

班主任截屏过来的文字显示：孩子的妈妈给老师留言，"准备给孩子找个心理医生辅导一下。"班主任回复说，"请家长先找医生沟通，但别让孩子直接接触医生，以防止出现孩子以心理有问题为理由，破罐子破摔，这种情况目前还是挺多的。面对孩子的突发问题，一是要谨慎；二是要思考好各种可能后再采取措施；三是建议请红校以校长的身份先和孩子谈一谈。"

之后，班主任老师给我留言说：孩子连续几周都不愿意返校，就想在家玩手机，贪玩我能理解，但这周家长说孩子因为不让玩手机，孩子就把卧室给拆了！我就隐约觉得孩子心理上出现什么问题了，和他沟通，什么也问不出来。所以想麻烦您找个时间和孩子聊聊，了解一下是不是有啥问题。

在中学阶段，尤其是初中，类似的现象似乎层出不穷，追根溯源，手机成了罪魁祸首，突出的表现是孩子迷恋游戏，导致不吃不喝不写作业，家长没收手机时，孩子强烈反抗，致使双方剧烈冲突，爆发家庭战争。那究竟是什么原因，让孩子失去了理性和自控能力？

9.2 心理研究故事

愤怒和攻击的生物学研究[①]

生物学的研究发现，能帮助我们跳出道德品质的范畴，从生理的角度审视行为问题并追踪分析心理问题。当然，生物学研究是从多个维度分析愤怒与攻击的各种可能性，因此要特别防范僵化或教条式的归因方式，而应尽可能地变换视角，审视孩子出现的愤怒乃至攻击性行为背后的各种潜在可能，从而尽量避免因对孩子的不良行为缺乏理性判断，导致冲突加剧，甚至演化成悲剧。

神经学研究：前额皮质受损或不活跃

攻击性行为常常是冲动的，冲动的一个基础是前额皮质受损。研究表明，前额皮质特定部位受损的人在抑制情绪表达方面出现缺陷。此外，对某些出现冲动行为的人，如赌博、非理性消费乃至罪犯等人的研究也表明，尽管他们的大脑并未受到损伤，但他们的前额皮层可能不如正常人活跃。

神经化学：5-羟色胺

当然，脑损伤者和冲动性攻击者在行为上的相似仅仅是一个暗示，没有可靠的证据表明暴力倾向者的大脑存在异常。如果他们的前额皮质不如正常人的反应迅速，那么，这种反应迟钝性可能是某些神经递质活动异常的结果。一个特别的候选神经递

① 关于情绪管理这部分内容，主要参考的是，参考文献是美国的James W.Kalet，Michelle N.Shiota的著作《情绪》，该书由周仁来等翻译，2009年2月由中国轻工业出版社出版。

质就是5-羟色胺。5-羟色胺仅由脑干（大脑的中央轴）中很少几簇神经元就能产生，但它们的轴突延伸的范围非常广，影响了大脑绝大部分的活动。

从20世纪70年代起，实验室研究就已证明，5-羟色胺释放水平低的大鼠和小鼠更有可能互相打架。一般通过测量血液和其他体液5-羟色胺的代谢就可以推断出5-羟色胺的释放。对年幼猴子进行长期观察就包括一项血液检查，来衡量5-羟色胺的代谢。结果发现，5-羟色胺水平最低的猴子最有可能发起攻击，也最有可能成为攻击的受害者。研究还发现，纵火犯罪者和其他暴力犯罪者的5-羟色胺水平低。而对刑满释放者的跟踪研究也发现，在这些人中，5-羟色胺水平低的人在接下来的几年中最有可能再次出现暴力犯罪。同样，在因攻击性行为而被劝告的儿童和青少年中，5-羟色胺水平低的人最有可能出现暴力行为。此外，在那些试图自杀而又活下来的人中，5-羟色胺释放水平最低的人，在接下来的五年里也最有可能再次自杀。因此，低5-羟色胺不仅与暴力行为的增加有关，而且也和抑郁、强迫症以及其他一般情况下与暴力无关的情况相关联。

神经化学：睾丸激素

还有一种可能性就是睾丸激素在作怪。它是在男性中比在女性中更为普遍的一种激素。它可能使人倾向于攻击。孩子进入青春期，睾丸激素的分泌，使孩子处于内环境的动荡状态。研究表明，暴力行为在15～25岁的男性中最为普遍，而这个年龄阶段恰好是睾丸激素水平最高的时期。

家庭环境

在暴力环境中长大的人，暴力的发生也很普遍。这是因为，这种环境容易导致孩子的性情变得暴躁易怒。同时，成年人给孩子示范了暴力榜样，孩子在行为上会模仿。

遗传，是家庭对人的攻击性行为的一种潜在可能性。暴力和冲动的父母，很有可能会有暴力和冲动的孩子。

观看媒体暴力的影响

常规研究发现，观看暴力内容的电影、电视节目和经常玩暴力视频游戏较多的人，平均水平上出现的攻击性行为较多。研究者考察了707个家庭，确定了孩子看了多少暴力电视节目，并测量了孩子的攻击性行为。在随后的16–18年中，研究者反复对这些孩子进行重测。他们发现，无论孩子在研究刚刚开始时攻击性程度如何，随着时间的推移，看暴力节目较多的孩子都更具攻击性。同样，将一些儿童随机分组，一组观看带有轻微暴力情节的电视节目，另一组观看没有攻击内容的电视节目。结果发现，与观看无攻击内容的儿童相比，观看轻微暴力情节电视节目的孩子在之后的玩耍中行为更具攻击性。

对暴力视频游戏的研究发现了同样烦忧的结果：无论是男性还是女性，也无论是儿童早期还是成年期，玩暴力视频游戏都能使生理唤醒升高，攻击倾向和攻击行为增加，合作行为减少。

9.3　运用心理实验发现，分析教育中的问题

和拆了卧室的那个孩子的面对面沟通

很难将面前的眼神如此清澈的孩子和那个一片狼藉、惨遭劫难的卧室联系到一起。在我的探询下，他一点点地告诉我：

“在学校还好，在家里不太好……和父母不太好……我想看足球比赛的，但看了很长时间。我也想上学，可是看足球看得很晚，很多该干的事都没干……自己也挺难受……”

“原本说好，周五晚上回到家，先写作业，吃饭时和吃完饭后看30～60分钟，然后再写作业，晚上10点就睡觉……但是最近几周，实际是回到家也能先写会儿作业，吃饭时看足球集锦。但是吃完饭后不仅看足球集锦，还玩

足球游戏……就没写作业，一直玩到十一二点才睡觉。”

“以前没有不上学的想法……我们班挺好的，老师都挺好尤其是班主任，他不仅课上得好，管班也特别好，同学们都听他的……我各科的学习成绩都可以，没有偏科，我想上一中，我还想踢足球！”

在和孩子面对面聊的40分钟里，刚开始，他说到在家不太好时，我追问：怎么不太好？能说说吗？他扭头，看了看门。我请他把门关上。他关了门，坐下后，一点点地告诉了我上面的信息。

第一次和孩子沟通，因为时间有限，加之孩子不是太别爱说话，所以我没有深入探究：为什么他觉得在家里不太好？在家里怎么不好？在哪些方面不好？是什么时候开始不好的？不好的程度怎么样？家里人对他的不好都有哪些反应？等等。

知道他酷爱足球后，曾经是运动员的我，先向他讲述了运动员的常规作息和运动员一天时间一般都做些什么。比如，我当年是每天早上5:50起床，出早操，上午学习，下午训练，若是集训，全天训练。为了保障能完成高强度、大运动量的训练，每天21:30就熄灯，有教练查房。这种严格的时间管理、作息制度，日复一日，年复一年……看得出来，对此他很感兴趣。

分析孩子的心理：家长收手机的那一刻，他正沉迷在游戏中欲罢不能，且作为14～15岁的青少年，正处在激素分泌较高且不稳定的阶段，内外交织的矛盾冲突，引发了拆毁卧室的冲动行为。此外，之后他不愿到学校，还有对自己没能完成学习任务、没履行和家长的约定的自责、愧疚乃至懊悔的纠结，所以，他出现了心理困扰。

不过他有上一流高中的愿望，表明他内心向上的意识较强。但沟通中发现，他的阶段目标比较模糊，因此帮他理清阶段和近期目标，并细化为具体的行动内容，同时帮他有意识地进行过程监控和情绪反应调节，能帮他重建自我系统和元认知系统，这样才能引导他正视自己的问题，有意识地选择和确定正确的行动策略，从而更深层次地促使他调控行为。

向班主任反馈和孩子初次沟通的情况

第一，孩子的眼睛很清澈，身心应都没有太大问题，请老师和家长放心。

第二，孩子确实有心事，体现在他说在学校还好，我说那你言下之意就是在家不太好，能说说吗？他就瞅了瞅门儿，表明他有心理负担，但因为时间有限，我并没有深挖。当然，目前了解到的是，和家长的矛盾主要是他不能按照约定行动，让家长很生气。同时，他也自责。此时，他内心里的小天使和小魔鬼就会发生冲突。最近，在小天使和小魔鬼的战斗中，小魔鬼战胜了小天使，他被小魔鬼控制了。这就是他秒变魔鬼的原因。

第三，孩子学习成绩优秀，但有几门学科仍有较大的提升空间；他有阶段目标，也有爱好和特长，兴趣点明确，只是因为努力方向比较模糊，或者具体目标不很清楚，导致时间管理、过程监察、情绪调控等方面的意识淡薄，因此自主管理能力发展相对滞后，加之青春期成长中的生理波动，导致行为上产生了问题，在这个阶段是难免的。他的行为既是预警更是求助的信号，所以需要老师、家长一起帮他。

第四，孩子是个好孩子，但确实存在和家长的沟通问题。因此，有一些东西还需深度了解。当然，从家长切入，调整沟通问题，效果可能会更顺畅些。这一点，我还是要提醒家长，要做好这样的思想准备。当家长能跟孩子建立起良好的沟通关系，并跟孩子建立起双方都认同的监督机制后，效果才能得到保障。当然，如何监管，需要家长动脑筋，讲策略。

第五，我会对孩子持续关注，所以需要多沟通。但这个孩子的问题和其他孩子相比，如和有自残行为的孩子相比，并不是一个性质，因此他并没有严重的心理问题，但目前他确实存在着心理困扰。

班主任在听了我的语音留言后，回复道：

“好的红校，谢谢您的帮助。您这么说，我就放心了。”其实这孩子本身很优秀，在学校从来没有违纪行为，也是有一定正义感的孩子。但在家就变成小魔鬼了。家长给我发来照片，一看我就蒙了，完全想不到，他怎么会有这样的行为？家长和孩子肯定也存在沟通问题，我也再和他们交流一下，给他们一些可操作的建议。

9.4 跟进了解深层原因，以期有效解决问题

和孩子的妈妈面对面沟通

和孩子沟通过后两周的这天晚上，从晚上6点开始，又和孩子的妈妈面对面聊了一个半小时。这是我主动联系班主任，希望和家长当面聊聊。家长如约前来，只是没说几句话，她就无声地啜泣起来：

这周周五晚上，我快8点到家，孩子要了我的手机，说玩到晚上10点。他答应得可好了，“行呢”，但每次他都做不到。结果，他玩游戏玩了一个通宵，周六早上9点才结束……中间，我无数次问他要手机，他都说，马上就好了，我一次又一次相信他……

说着，她的眼圈红了，眼泪默默地流了出来，她忙用手去抹。我看着她，默默地给她递了两张纸巾。她有点儿羞涩地道谢，略略平复了下情绪，接着说——

可他就是做不到，但我根本就抢不过他……周六上午10点，他要去补课，我说，算了，别去了。但他还是要去。吃了点东西，他就去上课了。12点下课，回来后，他说上课打瞌睡，所以回来后他就睡觉了。

在新冠疫情期间，他就玩手机上瘾了。整个人的性格、作息全都乱了……回不到从前了。

说着，她的眼泪流了下来。

小时候，可以哄着、骗着，要费很大的劲才行，现在说再多也都没有用处。他从小干啥都没有长性。打乒乓球，到后来就坚持不了，怕吃苦。而且，他从小脾气就特别倔。小学六年级的时候，曾经离家出走过一次。当时我们找了一个晚上都没找到。那时，是快小升初了，他的情绪波动特别大，玩手机的瘾就出来了，那天他想约同学出去玩，可又抛不下手机，心理特别纠结。我当时把手机抢过来了，结果他骑上车子，一溜烟地跑了。第二天才回来，说是骑到了一个停车场，在车前面睡了一晚。那时候，不太冷。

哎，碰到这种孩子，可郁闷了。

之前，我的脾气不太好，但我现在发火也没用。我想，我应该先改变自己，不让自己发火。现在，对他也不说啥了，可他反倒蹬鼻子上脸……有时候，看他生气了，我也哄着、顺着来。那天，给老师发照片，其实，他不仅拆了卧室，连客厅的餐桌也毁了，我没全发给老师……他情绪化特别严重，总是拧着来，你让他干的，他偏不干。不过，他不玩自己的手机，也不玩他爸的手机，就玩我的手机……

在新冠肺炎疫情期间，因为他晚上总是熬夜看视频，白天上课打瞌睡，所以，他总是完不成学习任务，不能按时交作业。老师让我们催，我们催了，他嫌催得多，就不耐烦，就朝我吼。后来，我也不催了。他爸有几次发火了，训了他几次，训一次也就好上几天。他的屋子也不让我们进，垃圾成堆。吃饭也不和我们一起，直接端到卧室吃。

“十一”我给收拾了一下他的卧室，结果大半个晚上，都是连踢带踹的抱怨，不依不饶，尤其是最近……我快崩溃了！有时觉得挺伤心的，这孩子从来没有体谅过父母的感觉。我表姐家的孩子也差不多，也是玩手机成瘾。我们真的是无计可施了。他拿上手机，真的是六亲不认，没有亲情可言。自从玩手机上瘾后，就没有笑容……家里，已经没有家的氛围！现在，我对他的学习已经没有任何要求，就想着只要能变回到从前……

有时，我和他爸爸也跟人家说，走，我们带你出去玩玩，可人家根本不乐意。仿佛和我们“有仇”，面无表情，总是不耐烦。我特别接受不了，心都寒了……

9.5　帮助孩子战胜小魔鬼，家长、老师和孩子应怎么做？

家长的哪些问题助长了小魔鬼的存在

从家长的哭诉中，我们可以看出几个需要妈妈调整或改进的问题：

首先，妈妈对孩子的尊重意识很淡薄，没有建立良好的沟通习惯。妈妈意识和行为中，如孩子小，“好哄好骗”。其实，孩子虽小，但被家长哄骗，是可以感受到的，只是不一定是即时感悟到，但这些感觉将被储存、积淀和蓄积起来；包括家长的坏脾气，如果家长把孩子当成出气筒，无端发火，这些行为都会埋下隐患，影响有效沟通，破坏亲子关系。

其次，环境中无意识的不良言论，强化着孩子某些偏执的意识与做法。比如，周围的亲人常说，“这孩子，脾气从小就很倔”“这孩子，就和别的孩子不一样，倔得很呐”等，当这些观点反复出现，就会形成本书第一个故事中所说的“期望效应”，当这样的说法重复超过70次，就会进入到孩子的潜意识，让孩子在不自觉的情况下，做出与之对应的行为，从而实现自证其言的现象。所以，就事论事地客观分析，帮助孩子建立辨证的思维方式，养成批判性的思维习惯，对孩子的成长非常重要。

其三，家长没跟上孩子的成长节奏，仍以对待童年及童年前期孩子的态度，对待青春期的孩子。“带你出去玩玩”，如果对小学中年级前的小孩子说，孩子可能会开心雀跃。但对小学高年级尤其是初中的孩子说，他们就会十分反感。因为这个阶段他们渴望独立、自主，渴望被尊重、被理解，渴望成人像对待大人一样在态度、言行上，体现出平等、尊重，而不是高高在上的指派、命令、操控。

家长的不当方式，会让孩子内心深处的小魔鬼滋生、成长甚至蓄积能量。所以，要想帮助小天使战胜小魔鬼，家长的用心调整是必需的、必要的，甚至是紧要的。

帮助孩子战胜小魔鬼，给家长的建议

第一，建立和孩子相处的基本原则。一是尊重人格，即使是小孩子，也是独立的人，尊重人格是基本点，但孩子毕竟是不成熟的人，尊重人格不等于撒手不管或不予指导等；二是尊重孩子的参与权，无论做任何事，事前平等的沟通、协商是出发点，可以由成人发起，和孩子一起商量、完善，也可以共同发起，共同执行，但要防范或避免操纵、指派、命令或表面文章乃至哄骗等；三是坚持原则，做任何事，规则要前置共同制定，而一旦确定了规则，就必须坚决执行，坚持到底，这是培养孩子的立足点。家庭是社会的重要组成部分，规则意识应从家庭、从小建立，要让孩子有边界感，懂得承担，学会遵守规则，同时要明白犯规后应接受规则的处理，这样才是完整地遵守规则；四是建设自我，家长要永远坚持自我完善，用心学习，建设自我，这是教育孩子的关键点，身教胜于言传，要想让孩子做到的，家长要先自己做到、做好，做出榜样，再去要求，才掷地有声，才能更好地被孩子接纳。

第二，指导和放权，让孩子学会承担责任。感恩的心，关心的情，这些暖心的情感需要有意识地培养，而做家务活就是非常好的载体。所有的孩子，从小都对大人干的活儿有兴趣，想探究。但遗憾的是，很多大人都觉得小孩子净添乱，教他们费时、耗力、没意义，还不如自己干效果好、效率高。但这个过程恰恰是亲子关系培养的良好途径，在做家务上，家长往往是专家，但很多家长意识不到这一点，总是选择并不擅长或并非专业的问题，总想摒弃一部分家长的职责做个成长监督员或训导员，结果常常发现孩子小的时候还好驾驭，但孩子到小学高年级之后，家长不仅感到力不从心，甚至无能为力。我有个朋友教育孩子的方式值得借鉴，初中时，他们全家出游，父母就指导孩子做出行方案，并由孩子承担主要的对外沟通事宜；高中时，全家再次出游，所有的费用都交给孩子，当确定了要去的地方和基本的旅行目标后，整个方案全部请孩子策划及实施，孩子独当一面的能力在这个过程中逐步被历练出来。有指导，又赋权，在家庭中锻炼孩子走出家门、迈入社会的能力，这才是智慧家长的做法。家长信任孩子，尊重孩子，帮助孩子在磨炼中拥有自信，是战胜小魔鬼的一大法宝，希望更多的家长能用好这个秘籍。

第三，管理好自己的情绪。抖动的纸上写不出工整的字，父母发火，冲着孩子大喊大叫甚至是动手，使孩子的心灵就如同是抖动的纸一样，家长期望达到的目标也如同不工整的字一样，难以取得理想的效果。心理学家做过实验，将发怒的人呼出的气体收集起来，装入瓶中，那气体是红色的，把它们收集起来，注入小白鼠的体内，几分钟后小白鼠就会死去。所以，发火对他人、对自己都会产生伤害。冲动是魔鬼！家长发火时就相当于魔鬼附身，当孩子时常和魔鬼相伴，就会模仿甚至化身成为小魔鬼。这一点家长一定要时刻警惕！

第四，掌握不同阶段孩子的发展规律。心理学家曾这样告诉家长，不同阶段的孩子其养育方式是有差异的：婴儿期，要抱着养，以利于建立安全的依恋关系，这是在培养爱的能力；幼儿阶段和童年早期，要牵着手养，以防止爱探索的孩子因脱离大人的监护而造成难以挽回的伤害，而且随着孩子的长大，孩子也不再乐意让大人牵着手了；童年中后期，要看着养，就是尽量让孩子在大人的视野范围内，但要保持一定的距离，因为孩子已渐渐长大了，家长要努力适应孩子的成长，要有意识地为孩子创造独立面对世界的时间和空间；青少年时期，要想着养，要适应孩子不在眼前，要接受孩子逐步离开的事实，随着青春期的到来，孩子渴望独立、渴望自由，这是成长的过程，是每一个成年人都经历和体验过的阶段，只是毕竟孩子尚未成熟，所以面对孩子的冲动乃至叛逆，家长需要学会冷处理，要超越现象，走到问题的背后去，走到孩子的心里去，要用脑子思考，而不是凭感觉面对。

老师怎样做，可以帮孩子战胜小魔鬼？

学生在学校主要任务是学习，但学知识是育人的载体，培养健康的人才是教育的根本目的。不良情绪、消极心态、不自律的行为等既影响孩子的身心健康也影响学习的效果。从学习论角度审视，负面情绪下，学生的认知水平会被压抑扭曲，导致原本能够进行的认知加工也无法进行。心理研究告诉我们，学习是在情绪背景下进行的，如果不关注学生的情绪状态，只盯住知识，往往难以达成预期效果。所以教师尽量让学生获得积极情感体验，想方设法让孩子学会保持积极而稳定的情绪状态，不仅可以拓宽学习思路，获得愉悦的情感，促进良好学习效果的产生，而且还能从课内流向课外，帮助学生成为“因我而使周围的人快乐”的充满正能量的受欢迎的人。

为此，请教师尽量做到：

第一，教师应尽量努力消除学生的负面情绪。当学生的情绪出现问题时，他们可能变得容易分心或根本无法顺利地开展学习活动。当然，情绪问题与学习之间存在相关，但两者之间并非因果关系，即学习问题不一定是由情绪造成的，但情绪问题与较差的学校表现经常有密切联系。当然，学生的情绪问题可能来自多重因素，例如来自家庭、同伴交往或学业压力，等等。这些情绪的影响程度不尽相同，严重的会影响学业，甚至影响正常生活和未来发展。因此，教师应格外关注学生的心理健康，及时提供情感支持与相对应的解决办法。此时，教师需尊重孩子身心的成长规律，树立科学的教育理念，以立德树人为根本，综合运用各种心理辅导方法，帮孩子尽早地进行情绪管理，把孩子从不良情绪状态中拉出来。同时，还要重视培养孩子心理调节的主动意识和基本能力，使他们在遭遇负面情绪时，能具备自我调整的实用技巧和主动求助的自觉意识。

第二，教师要努力培养学生的积极情绪。教师是为了孩子更好地发展而起各种支撑作用的人。用心灵塑造心灵是教师这个职业崇高性的体现和要求。因此在情感上给孩子支持是不可或缺的育人要素。优秀教师的共性特征之一是总能用自己火热的激情点燃孩子，唤起学生积极稳定的情感，激发起学生的学习内动力，在学生内心深处烙下愉快的学习痕迹，促使学生积极上进。稳定积极的心境会为学生提供良好的情绪背景，教师的鼓励会大大激发学生的学习动机，而学习过程中的积极情感也会极大促进学习效果的提升。

当学生具备了积极的自我意识，有积极的情感支撑，有好学上进的内动力时，小天使就会始终陪伴在身旁，并且充满力量。这样，小魔鬼就难以靠近孩子，即便靠近了也难有实力战胜小天使，因此帮孩子不断强大内在自我，具有稳定的、积极的心境，帮孩子树立坚定阳光向上的动机，就能不断生成新的更大的力量，如此，则必能战胜小魔鬼！

孩子该怎样做，能帮自己战胜小魔鬼?

其实每一个孩子都有战胜小魔鬼的秘籍，关键是要坚持用。我的建议是：

（1）**坚持锻炼身体**。情绪关注处理策略中最成功的一个办法就是锻炼身体。需要注意的是，持续的锻炼才能受益。同时还要注意对运动量的调控，因为适量运动能改善情绪，但过量的锻炼却会使情绪变得更糟。

为何持续、适量、稳定的锻炼能改善心境？其原因有以下几点：首先，锻炼可以减少压力的能量；其次，锻炼能全面促进健康，身体状态好的人比身体健康水平差的人，对充满压力的事件会表现出更少的紧张和自动唤起；其三，任何压力都会使身体为“战斗”或“逃跑”做好准备，即使充满压力的情景并不需要身体做出任何反应；其四，内啡肽这种神经递质在剧烈的身体锻炼中能够强烈活动。这种化学物质关乎身体的自然减痛系统，而镇静活动与情绪改善有很大的关联。研究表明，持续运动30分钟，内啡肽就会出现，从而带来幸福感。

（2）**放松身心**。把锻炼和放松都作为控制情绪的方法且放在一起，似乎存在矛盾，但它们二者的确存在着联系，它们都会减少肌肉紧张和自动唤起。

如果你感动放松存在困难，可以进行以下尝试：

①去一个很安静的地方。

②使所有的肌肉紧张起来，体验身体的感觉。然后一部分一部分地把肌肉放松下来，可以先从脚开始，初步向上，依次进行。

③如果刚开始的时候很难放松，请不要担心，毕竟我们放松的目的是为了停止担心。

④尽可能多地排除干扰刺激，可以通过重复一个声音，不停地自我暗示或关注简单的物品、形状来进行。可以选择你感到舒服的任何事。这个过程一般被称为冥想。经常使用这个方法的人，他们觉得自己的压力较少。在一项研究中，实验组坚持12周的冥想，控制组参加有关减压的讲座，结果发现，实验组焦虑和抑郁的现象减少了，并且效果持续时间很长。若放松得到

了促进，表明冥想产生了效果。

（3）**表达自己的情绪**。无论是找朋友倾诉，还是在本子上写下来，等等，都是积极地情绪表达。

积极的调控情绪，需要自我觉察，需要积极行动。总之，只要能敏锐地觉察到小魔鬼的动态，积极防御，小魔鬼就会难以聚力。若他的魔力比较微弱，那他怎能控制你?

战胜小魔鬼，办法总比困难多。只要你愿意，只要你想战斗，小魔鬼就会被你控制。加油！

10 向内归因：努力才成功

10.1 我为什么会成功？我为什么会失败？

任何人都有探索自己行为成败原因的倾向。所以，人们常常会问自己：为什么这次我会成功（失败）？通常，这种探寻原因的行为被称作归因。

归因，就是指个体对自己行为结果的解释方式。

在学校里，我们常常会发现这种情况：有的学生即使自己在考试中的成绩并不理想，但却很乐观，对下次的考试和对未来的成功很有信心，而且，他们乐于继续付出努力。之所以这样，是因为他将考试失败的原因归结为自己不够努力或任务难度过高，这样的归因促使他对自己的能力持有乐观态度，归因引发的只是内疚的情绪，内疚则促使他要求自己需继续努力。而有的同学则与之相反。或许他最初的成绩和刚才那位力求成功的同学一样，但面对不理想的成绩或是失败，他会认为是自己的能力不行，并因此丧失了自信心，导致自卑。而自卑的情绪又进而阻碍他持续努力。

通过对以上现象的研究，美国心理学家韦纳提出了归因理论。他认为，寻求理解是行为的基本动因。能力、努力、任务难度和运气是人们解释成功或失败时知觉到的四种主要原因。韦纳将这四种基本原因分成控制源和稳定性两个维度。根据控制源这一维度，他将行为结果的原因分成内部的和外部的。例如，能力和努力是内部原因，因为它们源于一个人的内部；与此相反，任务难度和运气则源于一个人的外部，因此属于外部原因。根据稳定性维度，又可将行为结果的原因分为稳定的和不稳定的。韦纳认为，能力和任务难度是稳定的因素，因为在反复从事某一任务时它们不会变化。一般来说，内归因者具备较高的成就动机，而外归因者的成就动机相对较低。①

10.2 心理实验故事

实验1：归因方式与情感反应关系的实验

为探求归因方式和情感反应的关系，心理学家设计了下面的实验。

实验过程：选取了63名小学5～6年级的美国男孩为被试。首先，他们要完成一个自我报告的量表。这个量表包括34个项目，每个项目描述了一个成功或不成功的结果，每个结果有两个选项，内部归因项和外部归因项是成对出现的。内部或外部归因的选项又可分为归因于能力或归因于努力。因此，每个被试的成绩被分为4部分，分别代表把成功归因于努力，把失败归因于努力，把成功归因于能力和把失败归因于能力的倾向。下面是两道典型的题目：

你不能做出一道难题，这可能是因为：

A.你不太善于做难题； B.题目编制有问题

在学校，你某门课程掌握很快，这常常是因为：

A.你很用心学习这门课； B.老师把这门课讲得很清楚

接着，要求被试做一系列与成就相关的迷津测试，笔不能离开纸，也不能重复路线，一笔走完所有迷津。在这些迷津里，有些迷津是可解的，而有些迷津是不可解的。每个被试会分到一本由10个可解和10个不可解迷津组成的册子。通过匹配线条数，可解迷津和不可解迷津表面看起来难度相同。实验是计时的，当被试在30分钟内做不出一个迷津时，将被主试打断；但如果是可解的迷津，可以给被试更多的时间。

① Weiner, B. (1972). Causal ascriptions and achievement behavior: A conceptual analysis of effort and reanalysis of locus of control. Journal of Personality and Social Psychology, 21, 239-248.

在被试的桌上放一个容器，里面有10张扑克牌，还有两个上面各有7个控制按钮的控制板。一个控制板上写着“赢者所得”，另一个控制板上写着“失败放回”。控制板上的按钮从1到7。每当成功做出一个迷津，被试要求按他认为自己应得纸牌数相应的按钮，并从容器中拿出相同数目的纸牌。同样，当被试做不出一个迷津时，被试要求按“你应放回的纸牌数”按钮，并放回相应数量的纸牌。主试介绍清楚规则后离开实验室，通过单向玻璃观察并记录被试自我强化的行为。

实验结论：研究结果表明，如果个体将成功归因于努力，个体会进行自我奖励，从而产生积极的情绪体验；如果个体将失败归因于缺乏努力，会导致个体进行自我惩罚，从而引起消极的情绪体验。

实验2：归因方式干预实验

为验证归因训练是否有效，心理学家设计并做了下面的实验。

实验过程：心理学家以大学生为被试进行研究。他们挑选了130名在入学第一学期经济学考试中是失败的大学生，将这些学生分成三组，一组为对照组，另外两组为实验组。其中，一个实验组让学生看录像，另一个实验组在看录像外还要进行学习技能训练。录像呈现的是对进入大学第一年学习困难的高年级学生的采访。采访中，受访者在谈到第一年学业失败这件事时，分析的原因各不相同。有人认为，大学的学习和生活需要一个适应过程；有人提出，自己当初对课程内容缺乏深刻的、整体结构性和连贯性的理解；有人承认，自己那时候不够努力；有人分析，自己当初缺少了有效的学习策略。可以看出，这些谈话都是对第一年学业失败进行的比较合理的归因，但没有把学业失败解释为由于自己能力过低。因此，该实验是在对两个实验组进行归因训练。

实验结论：归因训练的结果是，实验组学生实验后的经济学考试成绩比对照组明显要好，而且这样的进步还迁移到了其他学科，也就是在各科考试中都显示出了进步。实验结果还表明，两个实验组的提高程度是相等的。这说明，录像提供的归因训练产生了有效的作用。一般认为，归因训练在学生对自己的学习能力不太清楚的情况下和对年龄较小的学生更有用，因为他们更容易接受别人的建议，也更相信努力的作用。

10.3　运用心理实验发现，分析教育中的问题

学生对学习结果的归因，不仅解释了以往学业成绩产生的原因，更重要的是对此后的学习行为将产生影响。一系列研究表明，不同的归因方式将导致个体不同的认知、情感和行为反应。

第一，对成功与失败的情感反应

当学生成功时会感到高兴，但只有将成功归因于内部因素时，个体才会感到自豪与满意。如果认为成功是源于他人或外部力量，则学生的情感反应是感激而不是自豪。相反，如果将失败归因于内部因素，若是不努力或无能，则会感到自责、内疚或羞愧；如果归因于外部因素，则会感到生气或愤怒。

第二，对成功与失败的期望

如果学生将成败归因于稳定因素时，对未来的结果的期待是与目前的结果一致的。也就是说，成功者预期这以后的成功，失败者预期这以后的失败。例如，把失败的原因看作是自己能力差，那么个体就会担心下一次还会失败，因为能力是比较稳定，很难在短时间内得到改变。相反，如果将成败归因于不稳定的因素，则对以后成败的预期影响较小。

第三，所投入的努力

如果学生认为失败是由于不努力造成的，也就是当他认为自己努力学习，确实有能力取得成功，则他在以后有可能更加努力，遇到困难也能坚持。如果将失败归因于缺少能力，换句话说，他认为自己哪怕努力了也难以成功，那他就很容易放弃。哪怕有些任务是他此前曾成功地完成过的。研究

表明，后一类学生很容易产生习得性无助。

第四，自我概念

随着学生年龄的增长，当他们越来越坚信能力是一个相对稳定的、不可控制的心理特征。如果当他们不断地取得成功，他们的自我概念中就会包含较高的自我效能，否则自我效能感会较低。

以上分析进一步阐明，不同的归因方式会影响学生今后的行为，因此通过改变学生的归因方式就能改变学生的行为。这对教育教学工作具有积极意义。

10.4 归因实验运用的策略与建议

在教育教学中，老师们经常要帮助学生运用归因的方式，分析学习成绩不尽人意的原因。如果老师能运用归因分析和归因训练的实验内容，或许能有效地引导学生学会向内归因，对促使学生能明确努力才是走向成功的关键因素应是有帮助的。

第一，及时引导学生进行成败归因

当学生完成一项学习任务后，教师可以指导学生进行成败归因。首先，引导学生找出成功或失败的真正原因，培养学生学会正确归因；其次，还应引导学生进行前后的对比分析，并从有利于今后发展的角度，进行积极、正向的归因，哪怕此时的归因并不百分之百的客观真实。这也就是我们通常所说的拿着放大镜，老师应该挖掘、释放、强化学生积极的想法、点滴的做法、微小的进步。在树立这些积极的因素是因为自身的努力，而要有更大的进步，需要日复一日、坚持不懈地努力。当学生形成有意识地自我强化时，“努力才能成功”就会逐渐进入学生的潜意识，形成积极的信念，发挥自我系统地统摄作用。当形成正确的向内归因的习惯后，我们常说的“反躬自省”就内化为自己的行为了。如此，学生将受益终生。

第二，进行归因训练，转化待优生

待优生的有效转化是不同教育阶段尤其是基础教育阶段所有教师都面临的现实挑战，运用好归因训练，应该是一条积极且有建设性作用的有效策略。实际上，很多学生之所以还不够优秀，并非是他们的智力低下，更多的是他们的归因方式需要调整。他们中有很多人，往往会把失败归因于自己的能力不足，导致产生习得性无助，造成学习积极性降低。因此，通过必要的归因训练，使他们学会将失败的原因归因于努力不足，能将他们从失望的状态中解脱出来。当然，在对他们进行归因训练时，需要创设情境，促使他们多次体验学习的成败，并引导他们将成败归因于努力与否。自身的努力与否、努力程度等，是自己可以控制的，可以通过目标设置、时间管理、自我评估等自主增加或减少。因此，只要学生体验到且相信并坚信努力会带来成功，他们就会在此后的学习过程中坚持努力，并因此更有可能取得更大的成功。当这种积极心态、这种思维方式、这种行为习惯，逐步从学习上迁移到其他各个方面时，那一个人的整个人生就有可能取得更大的成功，并遇见最好的自己。

11 用好从众：防范随大流

11.1 为什么学姐们的意见变成了自己的想法

我曾接待过一个处于中度抑郁状态的大一学生，她很优秀，被保送进入了国内一流高校，但上大学后没多久她却出现了抑郁症状，甚至走到学校大门口就感到头晕、恶心。

我以后考研吧。

考公务员也行。

学姐们都这么说。

……

这是她思考“大学毕业后想做什么”的想法。

我们暂且不分析引发她心理问题的其他因素，单纯就存在的人云亦云现象进行分析。例如，中小学生体验最深刻甚至也特厌烦的课外报班问题，一个孩子常要上的多个课外班，是否每个班都是家长和孩子根据实际有针对性选择的结果？似乎我们难以得到肯定的答复。那么，为什么会出现我们时常看到或体验到的“随大流”现象？

11.2 心理实验故事

什么是从众现象

上文中那位大一学生出现的问题在日常生活或课堂教学中时常出现，这种随波逐流的情况，被称为“从众现象”（conformity）。

心理学家梅耶（Myers）将“从众现象”定义为：个体在真实的或想象的团体压力下改变行为与信念的倾向；弗朗兹瓦则将其定义为：对知觉到的团体压力的一种屈服倾向。

从众现象在生活中相当普遍，形式也有所不同。有的人是没有自己的主见和想法，因此别人做什么他就跟着做什么；有的人是尽管有自己的独立判断，但为了获得群体的支持和安全感，最终放弃了自己的想法，不得不从众；还有的人是有自己的主见，但迫于环境或场域压力，为了防止被孤立或不愿意被看作是另类、异类，选择了表面上附和大家的意见，但做事的时候却仍会遵从自己的判断，等等。

社会心理学领域对从众现象的实验研究很多，其中，以谢里夫和阿希的实验最经典。

实验1：谢里夫的游动错觉实验

游动错觉是指在一个黑暗的没有参照系的屋子里，当人的双眼保持静止不动地盯着一个光点时，会产生错觉，感到光点在向各个方向移动。这是因为背景上没有任何参照物，使人无法确定其是否稳定。

实验目的：利用游动错觉，探究个人反应是如何被大多数人的反应所影响的。

实验过程：实验分两个阶段进行。

第一阶段，被试单独安排在暗室中，给他看一个实际上静止不动的小光点，被试会产生光点在移动的错觉。谢里夫请被试独立估计光点移动的距离，形成各自估计的移动范围。

第二阶段，谢里夫把2～3个被试一起安排在暗室里。他们都参加了第一阶段的实验，都有自己估计的范围，各自估计的范围并不相同。此时，他们需共同估计光点移动的距离。

实验结论：研究发现，被试一开始在独立判断光点移动距离时，相互间的差距极大。有的人认为，光点移动了7～8英寸（1英寸=2.54厘米）；有的人觉得光点仅仅移动了零点几英寸。但当群体共同判断时，相互间的估计差距迅速减小，大家的判断趋向一致。而当被试再次单独估计时，他的估计值则和群体估计值非常接近。显然，在群体估计中，被试参考了其他人的估计值，从而建立了共同的参考系数，形成从众现象。

实验2：阿希的从众实验

阿希（S.Asch）的线段判断实验是从众实验中又一经典实验。[①]与谢里夫不同的是，谢里夫是在模糊情境下对从众情况进行的实验研究，而阿希则是在情境明确的情况下进行的实验。

实验过程：被试是126名大学生，分别来自3所大学。每组7人，其中只有1人是真正的被试，其余6人都是主试的助手，真正的被试被安排在倒数第2个回答问题。以保证他能听到大部分假被试的不正确的回答。

实验材料是18套卡片，每套2张，一张绘有标准线段，另一张绘有比较线段。阿希告诉被试：这是一个视觉感知实验，要求被试判断：卡片中a、b、c三条线段哪一条线段的长度与标准线段相同（图11.1）。18套图片共呈现18次，前6次大家都做出了正确的选择，从第7次开始，假如假被试故意做出错误的选择，主试观察真被试的反应是独立判断还是从众，并加以记录和统计。

实验结论：研究结果表明，在情境明确的情况下，约有25%～33%的被试没有受到他人影响，保持了独立判断；75%的被试至少有1次从众行为；所有被试的平均从众行为占34%。

实验结束后，在问询中，被试普遍反映在实验中感受到严重的心理压力和内心冲突。

① Asch. S. E. (1955). Opinions and social pressure. *Scientific American*. 193(5), 31-35.

图11.1　阿希的从众实验材料

阿希本人也对实验结果感到震惊。他说："我们社会中一致性趋势如此的强烈，结果聪明善良的年轻人都会颠倒黑白。这是一个值得关注的问题。我们需要反思我们的教育方式以及价值观。"

11.3　运用心理实验发现，分析教育中的问题

创新精神是21世纪人才培养中的核心要素，而从众不利于创新精神的建立。为帮助老师、家长和孩子理解并掌握从众这一概念，防范盲目的从众行为，将从众现象从消极引向积极，能运用心理学知识，解决生活现实问题。下面，以一节小学五年级心理健康课《我心有主》为例，分析、阐述我们该如何帮孩子成为有主见的人。

创设第一个情境，让孩子在实验体验中了解：什么是从众？什么是从众现象？

课前，老师选择了班里7位班干部作"托儿"，让他们坚定地回答线段c和标准线段一样长。结果发现，全班有20多个学生坚持了自己的观点，但也有10多个孩子被误导了。

当老师出示了正确答案，并询问全班"看到结果，你有什么感受"？
有的孩子说："我的判断是正确的。这会儿心里挺开心的！"

有的孩子说："老师，我原本也觉得和b相等，可是看到班长都说和c相等，就没有坚持。感觉有点儿后悔，应该坚持自己的判断。"

顺着这个孩子的话，老师趁机进行了调研："像刚才这位同学，因为几位班干部认为左边的线段和c线段相等，就改变了自己的想法的同学请举手示意一下。"结果发现，有10多个孩子举起了手。

老师顺势总结并板书了课题："因为受到了他人的影响，而改变了自己的原来的想法。这种现象在心理学中被称作——从众。"

引出了从众的概念后，老师简单介绍了美国心理学家阿希设计的著名的"线段实验"。并解释说，她是按实验规则，上课前先找了班里的7名班干部，让他们在课上坚持"左边的线段与c线段相等"的观点，还要求他们严格保密且回答问题时得严肃认真。老师认为他们做得很好，对7位同学的配合表示了感谢。正因为他们很认真，才真的忽悠和误导了一部分同学。而这种"在压力影响下，改变自己的意见，选择与多数人保持一致的行为，心理学家将其称为从众。"从众，就是我们平常所说的"跟风""随大流"，这种现象则被称为从众现象。

创设第二个情境，让孩子辨识从众现象，理解和掌握概念

接下来，老师通过提出问题，先了解孩子们对从众现象的初步认识；然后又通过视频，进一步制造悬念，促使孩子辨识从众现象的本质。

师："听完我刚才的介绍，你们认为从众现象好吗？为什么？"

A生："不好。因为不能坚持自己正确的判断。"

师："你刚才是不是被误导了？"

A生：不好意思地点了点头。

B生："我觉得，从众也不是不好，关键还得看自己能不能坚持正确的想法。"

C生："跟风、随大流不好，就像中国式过马路。"

师：“看来，现在又有两种观点，我们也表决一下好吗?”

“认为从众现象好的请举手”——“嗯，有个别同学举手了。”

“认为从众现象不好的请举手”。

在对学生的观点进行大概的数据统计后，老师并没有给出结论，而是播放了一段视频，促使孩子们思考和讨论，将认识引向深入。

教师播放的是一段从某卫视新闻栏目中截取的一段视频，内容是：某日，一位女士和朋友到银行取了5万元钱。她把钱拿在手中，刚走出银行大门，手里的钱不小心掉在了地上。这时刚巧刮来一阵大风，钱瞬间飘落一地，有的还飞舞起来。

视频放到这里，老师又轻点鼠标，将画面定格在“钱飞舞的瞬间”，并提出问题：“这位女士的钱能找回来吗?”老师稍微停顿了一下，接着说：“请同桌两个讨论2分钟，说说各自的观点和理由。”

很快，有的小组举手了。

A生：“我认为，钱能找回来。因为，大家会拾金不昧。”

B生：“老师，我不同意。我觉得钱找不回来了。因为，有的钱可能被大风吹跑了，根本就找不到了；有的钱还可能被人……（声音突然降得如耳语般）还可能被人装进了自己的腰包里。（说完，掩口偷偷地笑了。班里也有同学嘻嘻地笑了，好像既有点不好意思，又有点暗自兴奋的意味。）”

C生：“我觉得，钱不一定能找回来了，”又有一个学生说。

师：“看来我们班在这位女士的钱能否找回来的问题上也出现了不同意见。那就让我们看看这位女士的钱到底能不能找回来?”说完，接着视频播放。

（教室里安静极了。每双眼睛都紧盯着屏幕，像生怕漏过一丁点儿细节似的。）

看到女士的钱撒落一地并迎风飞舞，最先反应过来的是银行的保安，他跑出来，用脚踩住要吹跑的钱，并蹲下身子，开始捡拾地上的钱，第二个反应过来的是女士的朋友，很快，附近的人纷纷从惊诧中反应过来，也加入了捡钱的行列。那位女士事后说，当时她完全懵了。终于，5万元钱在大伙的努力下，最终捡回了48700元，只有1300元不见了。

“视频看完了。大家好像还沉浸在刚才的情景中。”

（全班学生都进入沉思中，似乎也像那位女士一样懵了。）

老师接着问：“看完这一段视频，你此刻又有什么想法？从众到底好不好呢？能分享一下吗？”

D生：“我感觉，很多过路人当时也是跟着保安和那位女士的朋友捡钱，然后就把钱还给了那位女士。所以，从众也有好的一面。”

E生：“我也觉得，从众也不全是不好的。”

师：“同学们现在对从众心理又有了新的认识。也就是从众既有消极影响也有积极影响。”（在“从众现象”下方靠左边的位置板书“消极”，在靠右边的位置板书“积极”。）

创设第三个情境：学以致用，让孩子运用心理学知识，解决问题，做有主见的人

师：“通过参与心理实验和观看视频，同学们对从众心理有了比较全面的认识，那我们在做事情的时候，能不能避免消极的从众行为，遵从积极的从众行为呢？（在“消极”与“积极”之间加上了一个“→”）请同学们看这些图片（图片反映的是很多家长带着孩子报课外辅导班的热闹场面），这是什么现象？”

“报班儿！”学生们响亮地回答。

“看来你们是深有体会啊，”老师笑着说，“咱班都有谁报了课外辅导班？能分享一下你参加课外班的感受吗？”

“我妈妈给我报了5个课外班，有奥数、英语、作文还有钢琴和绘画。我都快烦死了！”

“我也上了3个辅导班。我喜欢上画画班，因为我爱绘画。不喜欢上作文班，没意思。”

“我妈也给我报了两个班，英语和舞蹈。这两个班我都很喜欢，英语班人少，有很多机会练习，舞蹈班是我从幼儿园就参加的，已经上了好几年了。”

师：“看来，参加辅导班的情况也不一样啊。有利有弊。那我们能不能运用今天学习的从众心理的积极效应去解决报班中的消极问题呢？如果你的家长是盲目跟风、随大流给你报了辅导班，你有什么方法帮助家长避免这种从众行为？”

“请前后排4人小组讨论3分钟，共同解决这几个问题。”（学生很快围坐在一起，热烈地讨论起来；老师巡视着，并不时地加入某个小组的讨论。）

很快，有的小组讨论完了。

师：“刚才讨论很热烈，看来报班问题大家都有体验，也或多或少遇到了问题。哪个小组愿意说说你们的讨论结果？”

A生：“我们讨论的结果是，谁的家长如果盲目跟风报班的话，可以把我们学到的知识讲给家长听，让家长了解什么是从众；然后，再跟家长讲，报班不是不好，但必须是我们喜欢或者需要的，不然就会花冤枉钱，而且浪费时间。”

B生：“我妈妈给我报了5个辅导班，我准备和我妈商量商量，争取去掉两三个班，保留奥数和弹琴。因为我喜欢奥数，很有意思；弹琴，虽然不如奥数那么喜欢，但是我妈肯定不同意去掉，所以就保留。但是其他的班我想退掉，因为有的班对我来说根本没用。”

C生：“我们小组的讨论结果是，报班一定得想好。比如哪一科成绩不太好，可以补一补；另外，就是得有兴趣，可以发挥我们的特长。今天学习了从众现象，我们认为遇到事情需要判断清楚，才能防止盲目跟风。”

师：“同学们真有智慧。的确，学习知识就是为了帮我们增长智慧。今天，我们学习了‘从众现象’，大家不仅了解了什么是从众，而且通过参与实验和观看视频还总结出从众具有消极和积极影响，进一步认识了从众现象。更重要的是，通过分析报班现象，开始在生活中应用从众现象的特点，总结出了遇到问题要深入分析，不盲目跟风从众的做事原则。这样才能做到有独立判断，才能有主见。这就是我们今天学习的主题——（板书）我心有主”。

师：“希望同学们在今后的学习、生活中，都能做到‘我心有主’！今天我们的课就上到这里，谢谢大家。下课！”①

①《我心有主》是2013年郑州市金水区黄河路一小专职心理教师杨斐执教的一节心理健康教育课。这节课，先后获得金水区青年教师“希望杯”课堂教学大赛一等奖，“郑州市小学心理健康优质课比赛”一等奖，并在河南省优质课大赛中从84位参赛者中脱颖而出荣获一等奖，当时她的教龄仅3年零2个月。

11.4 挖掘和释放从众现象积极效应的策略

当人们面临群体压力时，普遍存在从众心理。这种群体压力来自不同的方面。研究表明，群体压力源主要有两个：信息影响和规范影响。信息影响是指个体希望从群体中获得精确的信息，在情况不明的情况下，人们更容易从众。规范影响是指个体希望从群体中获得奖励和避免惩罚，它还包括顺从。研究者认为，信息影响比规范影响表现得更为明确。另外，随后的研究还发现，用核磁共振扫描仪检查被试的大脑，当被试听从群体意见时，大脑的感知区域表现活跃。而当被试进行自我判断时，大脑的情感区域活动明显。这意味着从别人那里获取的信息，可能对当事人的认知活动产生深刻的影响；而独立判断时，情感体验更为深刻。这一发现，为个体的从众行为在生理机制上找到了依据。

社会心理研究认为，从众是个体适应新团体的方式之一，它可以帮助个体较快地适应陌生的环境，迅速融入群体。当个体的思想和行为与群体的主导倾向保持一致时，他能与群体更和谐地相处下去，从而获得群体支持，有安全感、归属感。这种和谐统一的感觉有利于个体保持良好的心理健康。从这个意义上，从众对个体的生存和发展有着积极的意义。

不过，从众既具有消极负面的影响又具有积极正面的作用，这一点前面的课例已清楚地表明了。那么，我们应采取何种策略，才能促使孩子避免从众的消极影响也就是盲目从众，并能释放出它的积极作用呢？

第一，引导孩子树立正确的自我系统

前文第5个故事“规划人生：明确目标”中，我们已经知道“自我系统”对一个人成长与发展的统摄性作用，所以家庭、学校从小培养孩子积极的态度、坚定的信念和正向的情感，能有助于防止从众。通常，我们会用正确的“三观”来判断一个人，这是有实际意义的。其实，不良的价值观等会诱使孩子不分是非的盲目从众。换句话说，当一个孩子拥有正确的“三观”，拥有良好的自我系统，就会具有正确的判断能力和强大的内在力量，促使他能

坚持独立判断，避免随波逐流，成为他人的附庸。

第二，培养孩子的创造性思维能力

自我系统是建立在良好的思维方式上的，如果孩子具有多角度追问、批判性思考的能力，那么就能促其避免人云亦云，防范出现从众行为。同时，从创造性思维培养的角度，心理学家吉尔伯特认为，发散性思维是创造性思维的主要成分，并设计了发散生成测验。这个测量通过测量发散性思维的流畅性、变通性、独特性等来衡量创造性的高低。结果发现，独特性是指能对问题提出超乎寻常、独特新颖的见解。在现实生活中，具有创造性思维的孩子往往个性比较突出。有时，这样的孩子在某些教师和家长看来，会觉得他们难以管教，甚至有时会做些荒唐乃至违反常理的事来。因此，为了培养孩子的创造性思维，需要家长和老师包容这些孩子的特殊性，为他们提供宽松的、被理解的成长空间。创造性强的孩子有时在群体中会显得与众不同，乃至需要面对同伴的压力。这时，更需要家长和老师既在情感上给予支持，还需要师长营造良好的舆论环境和相互包容的团队文化，并鼓励其他孩子也要在生活与学习上努力挖掘和释放自己的创造性潜能。

在培养孩子的过程中，要尽量发挥从众心理的积极作用，限制其消极影响。要用心为孩子营造一个良好的群体环境，如在家庭里尤其是在班级内树立积极向上、充满正能量的舆论导向和行为榜样。同时，也要鼓励孩子发展自己的创见，敢于坚持自己的“与众不同”。

12 突破自我中心：角色要分化

12.1 从伊索寓言到出力不讨好

小时候，看过一则伊索寓言故事：

每个人的优点和缺点就像两个袋子，只不过优点的袋子挂在胸前而缺点的袋子在背后，所以看自己的优点和别人的缺点都很容易，但看自己的缺点或别人的优点却不太容易。

现如今，我在处理一些问题的时候，会发现：

两个孩子因为打架，班主任处理得着急了点，导致埋下了隐患。发现问题后，她向我求助。随着我一点点地介入其中，我发现，这位老师为两个孩子都付出了很多很多。但遗憾的是，无论是孩子还是家长，都觉得她偏袒了对方，非但不领情，还对她有很多意见。为此，她感到很委屈。同时，这两个孩子有相似的成长背景，本应该成为相互理解和帮助的朋友，但似乎都没有接收到对方的信息，而是用了错误的方式引发了本不该发生的冲突。而他们的家长，似乎对自己的孩子都缺乏足够的了解，导致误判了一些信息。不过，因为这次冲突，双方的家长最终坐下来，一起面对面沟通起孩子的成长问题……

生活中，为什么有那么多类似伊索寓言中的故事？又有那么多出力却不讨好的事情？有什么办法能更好地解决以上问题吗？

12.2 心理研究故事

皮亚杰提出的儿童自我中心概念

1923年，皮亚杰在他的著作《儿童的语言和思维》中，首次提出“自我中心”概念。这一概念在社会认知发展的研究中占有重要地位。“自我中心”指的是，儿童不能区别他自己的观点和别人的观点，不能区别他自己的活动和对象的变化，认为一切都和他自己有关，都是他的一部分。皮亚杰认为，儿童的自我中心是成长期的阶段特点，没有自私或自高自大的意思，因此成年人要理解儿童。为此，他通过故事说明了这一点：

妈妈要过生日了。两个孩子想给妈妈送一份生日礼物。这天，孩子们和他们的姨妈一起去给妈妈买礼物。哥哥（7岁）挑选了珠宝类的精美工艺品，弟弟（3岁半）选了一辆小汽车（玩具）。弟弟小心地包好了自己的礼物，他满怀期待地把礼物交给妈妈，渴望看到妈妈喜欢礼物的表情。

显然，弟弟的行为是“自我中心”的，他没有考虑妈妈的兴趣与他自己的兴趣并不相同。但对幼儿来说，他的行为与自私是决不能等同的。

皮亚杰认为，幼儿不能区别自己和别人的观点，不知道除了自己的观点，还存在着别人的观点；他只能从自己的观点看事物，以为事物就是他看到的样子，不可能再有其他的看法。这就是一般所说的“自我中心”或“自我中心化”。皮亚杰在使用这个概念时含义还要广些，即幼儿对自己的这种主观性是意识不到的，否则自我中心也就不复存在了。然而，这种认识上的自我中心与利己主义毫无共同之处。

皮亚杰提出的去自我中心化概念

20世纪50年代，皮亚杰又提出了“去自我中心化（decentration）”概念。他认为，儿童不会停留在自我中心状态。在动作协调的基础上，儿童逐渐学会了区分主体与客体，逐渐意识到自我，并尽可能找到自我在世界中的地位，因而能够在自我与世界、自我与他人之间建立相互联系。这就是去自我中心化的过程，实际上这也是意识客观化的过程。皮亚杰把这个过程叫作儿童心理发展中的“哥白尼式的革命”。通过这个革命，儿童在自己的认识中建构了一个客观的世界，并且认识到主体的心理活动是与这个客观世界相对立的。

皮亚杰建构的4种水平的自我中心化及相应的4个去自我中心化进程

1962年，皮亚杰进一步提出：在个体心理发展过程中有4种水平的自我中心化并相应存在着4个阶段的去自我中心化进程。

（1）**感知运动阶段**（0~2岁）。感知运动阶段的发展是一种从极端的自我中心化的最初状态逐渐去自我中心化的过程。婴儿出生时物我不分，生活在没有永久性客体的宇宙里，没有自我意识。从4~7个月开始，婴儿逐步认识自己的行为和外部环境之间的关系，开始去自我中心化过程，直到第18~24个月时这一过程才得以完成。它使婴儿学会把自己看成是由许多永久性客体组成的世界中的一个客体；在情感方面，婴儿通过人与人之间情感的交流而区分自我与他人，或是通过对事物的各种好奇心的驱使而区分自我与外界事物。第一次去自我中心化的实质就是自我和外在环境的分化和在实物动作水平上的协调。

（2）**前运算阶段**（2~7岁）。在前运算阶段，幼儿运用语言形成了表象，并与他人交际，出现了第二种形式的自我中心化。虽然也表现为最初的对自己和他人观点之间的差异，以及对主体和客体之间的区别相对地缺乏认识，但这种缺乏却是在表象性上而不是在感知运动方面。在对世界的看法上，幼儿表现出几种原始思想模式，如泛灵论、人造论、实在论。自我中心言语是学前期幼儿的重要特征，随着年龄的增长与社会交往（尤其是同伴间交往）的发展，儿童得以逐渐认清别人观点或看法的存在，从而在“概念或概念化了的活动”上区分并协调自我和他人的关系，完成了第二次去自我中心化。

（3）**具体运算阶段**（7~12岁）。具体运算阶段儿童的自我中心化表现为不能把感知事件和心理建构区分开来。一些与感知相悖的假设性说法（如假设煤是白的）对他们来说是绝对不可能接受的。这种自我中心化现象一直到形式运算阶段初期，儿童能够对自己的思维进行“反省”时才得以消失。在这一阶段，儿童的去中心化的能力得到发展，儿童认识到他人的观点，能将自己的看法和他人的看法整合起来，但并不是都客观化了。事实上，有些成人的思维方式仍是自我中心化的。

（4）**形式运算阶段（青春期）**。当形式思维的认识结构形成以后，就产生了第4次的自我中心化。青年认为，自己思想具有无穷的力量，他自己是无所不能的，他完全有能力按照自己的计划来改造社会和改造世界，达到理想的境界。

皮亚杰认为，任何一次去自我中心化，必须有两个条件：第一，意识到自我是主体，并把主体与客体区别开来；第二，把自己的观点与他人的观点协调起来，而不是把自己的观点当作绝对真理。

观点采择理论

观点采择（perspective taking）是指儿童推断别人内部心理活动的能力，即能设身处地理解他人的思想、愿望、情感等。观点采择的本质特征在于个体认识上的去自我中心化，即能够站在他人的角度，从他人的角度看待问题。为此，个体必须首先能够发现自己与他人观点之间潜在的差异，把自己的观点和他人的观点区分开来。但是，区分自己与他人的观点并不等于采择他人的观点，只有在区分的基础上对他人的观点做出准确的推测，才可以说是真正具备了观点采择的能力。观点采择能力是在广泛的社会互动、在丰富多彩的社会线索的刺激下发展起来的，对于儿童的个性社会性发展有重要的影响。

12.3　运用心理研究发现，解决教育中的问题

看了前文的心理研究故事，你是不是已经找到了解决“出力却不讨好”

问题的症结？仅仅站在自己的角度（自我中心）思考并行动，也就是处在自我中心化的思维方式中，即便是真的想帮别人，但囿于思维方式的局限，缺乏换位思考，致使难以做到观点采择，不仅常常会导致事与愿违，总感到出力不讨好，情况严重的话，甚至会引发冲突或导致矛盾升级。因此去自我中心是解决或突破自我中心的根本。也就是，要想方设法改变思维方式，才能跳出自我中心的局限。

那如何才能有效突破自我中心？

我认为，有意识地促进自我的角色分化，应是优选策略。

将自我分化成主我和客我，促进反思，加强自我审视

美国社会心理学家G.H.米德，最早从传播的角度对人的自我意识及其形成过程进行了系统研究。他在研究人的内省活动时发现，自我意识对人的行为决策有着重要的影响。他认为，自我可以分解成相互联系、相互作用的两个方面：一方是作为意愿和行为主体的“主我（I）”，它通过个人围绕对象事物从事的行为和反应具体体现出来；另一方是作为他人的社会评价和社会期待之代表的“客我（me）”，它是自我意识的社会关系性的体现。换句话说，人的自我是在“主我”和“客我”的互动中形成的，又是这种互动关系的体现。“主我”体现为行为反应，“客我”体现了社会关系的方方面面的影响。“客我”可以促使“主我”发生新的变化，而“主我”反过来也可以改变“客我”，两者的互动不断形成新的自我。

米德的理论，于中国传统文化中强调内省异曲同工。荀子说，君子每日参省乎已，则知明而行无过矣。而反省思维（反思），在皮亚杰的研究中，则是儿童去自我中心的标志。当我们有意识地将自我分化出“主我”和“客我”，就如同多了专门帮助我们进行自我审视的人，能帮我们从背后看到一个主我不容易看到的自身的缺点，如果这个客我能自如转化视角，则在帮我们查出自身潜在隐患的同时，还更容易看到他人的优点，那么伊索寓言中的局限就能顺利得以解决。同时，因为能多角度审视自己的想法、行动，能位移到其他角度思考问题，也能避免或减少出力不讨好的现象的发生。

转化角色，主动进行心理位移，加强相互理解

美国社会心理学家海德（Fritz Heider）于1958年提出了改变认知态度的“平衡理论”，又被称为“P-O-X理论”，其中P（Person）代表认知主体，O（Other）代表另外一个人，X代表认知对象或认知结果。

以教学为例，如果学生P（不）喜欢教师O，那么P就会倾向于（不）接受O所赞成的X——这是一种认知平衡状态（即：亲其师则信其道）。而不平衡的情况是，对于P来说，他不喜欢O，却要他接受O所赞成的X；对于O来说，他所赞成的X不被P接受。海德认为，追求平衡、和谐是人类普遍的心理需要，认识上出现不平衡、不和谐，就会令人产生心理上的紧张和焦虑，从而使认知结构向平衡与和谐调整转化。按照查尔斯·埃杰顿·奥斯古德和坦南包姆（C.E.Osgood & G.P.H.Tennenboum，1955）提出的一致性理论，在调整中各个因素都可能发生变化，其变化的总量与其相对的强度成反比，一般不会去改变评价最强的因素。因此，当产生认知不平衡状态的时候，如果O不愿意改变自己且非常强势，他就会去改变P。而P如果内心弱小，则会曲意迎合（改变自己，真心接受，消除痛苦）；如果他内心较强，则会阳奉阴违（假意接受，用较小的痛苦防止更大的痛苦）；如果他内心强大，则会针锋相对（不能忍受接受之痛）。反之，如果O以让P接受X为目的，那他就会改变自己去适应P，结果呢？很显然，P会欣然接受X。[①]

12.4　促进角色分化，突破自我中心的办法

第一，师长要从自身做起，促进角色分化

在孩子的成长过程中，年龄越小，在家庭和学校中，家长和教师就掌握着更多的主导权，因此，能否帮助孩子形成角色合理分化、共享成长过程，关键在师长。

例如在课堂中，教师要控制好教育者角色的过

① 刘历红．论师生“角色分化与共享教学”［J］．课程·教材·教法，2015，（5）：28-34.

度扩张，要用启发的方法给学生留出思考的空间，尊异甚至求异，鼓励创新思维，而不要向学生传授现成的知识；要用水平和实力争取获得学生的认同，对学生表现出的个性特质和不同想法、做法持包容和鼓励态度，支持学生个性发展，通过身体力行对学生进行民主、包容的教育，切忌将个人观点当作标准答案强加给学生，也不要向学生强硬地灌输知识；引导学生积极参与到教学活动中，帮助学生树立扮演教育者角色的意识，激发其自身巨大的学习能量，提升自我教育的能力，使学生的认知升华从被教师牵引变为自主牵引。教师甚至可以假装不懂，让学生在表达见解的过程中锻炼表达能力、提升自信。教师还要扮演好学习者的角色，全面了解学生实际状况，以学生的视角思考问题，以学生的姿态与学生交流、探讨，虚心向学生学习。

再如在家庭里，家长要以发展的角度思考孩子的教育，要想方设法地给孩子创造更多体验的机会，在体验中增强孩子的掌控感，增强孩子的才干。我的观点是，家务活、体育运动是优先于学科知识的基础才能，是需要家长耐心和用心指导，是要坚持长期培养孩子的重中之重的要务。而这些方面，不仅家长擅长，而且可以在此过程中和孩子有共同语言，能促进彼此理解。在帮助孩子分化出“小厨师”“小管家”“小运动员”等多重角色的过程中，孩子的素养就会在无形中得到提升，而且孩子也更容易理解家长的辛苦，也更容易理解他人，也更容易突破自我中心。

第二，师长要放下身段，与孩子共同创设学习与生活的情境

就教师而言，要努力和学生共同创设学习情境。比如，在上课伊始的导入环节，教师要主动与学生共同创设问题情境——了解学生实际状况，征求学生对教学内容、教学目标、教学方法的意见建议。随着学生年龄的增长，教师可以越来越多地与学生分享教学情境的创设过程。即使在学生水平较低的情况下这样做的实际作用不大，其象征意义也十分重要，它既能使学生对教师的民主、平等姿态产生好感，即产生共情，还能调动学生学习的主动意识和主人翁意识，为教学顺利进行奠定良好的情感基础。如果学生在这一环节能够提出好的建议，等于提高了教师的教学水平，其教学效果自不待言。

就家长而言，要努力和孩子共同创设生活情境。就我自己的成长过程来

说，7岁的时候，父母就让我参与家庭事务了。那时候，我爸爸在外地，我就承担起写信的任务。9岁时，我们一家团聚了，家里的大事小情，爸妈都让我参与，一起商量。俗话说，穷人家的孩子早当家。我认为，无论穷富，关键是要有民主的氛围和意识，如果想让孩子增长才干，就得创造机会让孩子承担责任，就得让孩子分化出更多的角色，孩子在不同的角色中，必然能在不知不觉中，学会转换视角，跳出自我中心的藩篱，具有灵活审视的意识与能力。

第三，师长要强化角色分化，实现充分的合作、探究、分享

从学校角度出发，新课程改革强调自主、合作、探究的学习方式，在这个过程中要使学生充分交流、碰撞、分享，如果教师能深度参与其中，会取得更好的效果。例如，在数学课学习“3的倍数特征时”，教师组织游戏，并主动成为学习者和一名学生竞赛，其他学生用计算器辅助裁判。比赛场面热烈，大家情绪高涨。之后师生分享比赛体会，总结学习方法。这节课尽管内容枯燥，但因师生同台竞赛，激发了学生的学习兴趣，使学生积极主动地投入到新知识的探究中，从而提高了课堂的有效性。再如，我运用课堂志的方法，作为参与者观察自己的课堂，还作为观察者参与所指导的教师的课堂，在教研中对教学的开放性和角色转化意识及指导角色转化的方法进一步清晰。在辅导学生展示活动时，我们明确了首先要共同讨论出评价标准；其次对做展示的学生和在一旁观摩的学生提出要求：展示的同学要投入情感、想方设法吸引并感染大家，展示后要按评价标准自评，说说自己最满意什么，还想在哪些方面改进；观摩的同学既要说说自己得到了什么启示还要至少提出一条改进建议；其三就是组内展示、分享，相互讨论、促进。这个环节是开放的，师生角色充分分化、互动。对教师来说，既要站在学习者的视角接收展示学生的信息和观摩学生的感受，又要回到教育者的角色进行辅导；在辅导的时候，既有示范（学习者角色），又有点评（教育者角色）。对学生来说，也要进行角色转化，一方面在学生的角色下要展示自我并接受教师对自己的辅导，还要接收其他同学的信息并学习同学身上的优点，也从教师对他人的辅导中获得启发；另一方面在教育者的角色下要自我评价和评

估他人，对其他同学甚至教师提出改进意见和建议。在这个过程中，师生出现多维度、多层面的交流互动，课堂呈现出网状互动结构，从而实现“教–学”共享。

从家长的角度，要思考新时代什么样的人才更有竞争力。如果家长能从高远的角度思考家庭教育，那么对孩子的培养方式必然会摆脱自我中心式的教育方式。从这个角度而言，家长的角色分化，家长的思维方式，要首先具有民主、合作、共享意识，才能培养出心态积极开放、能换位思考、具有反思能力的孩子。

第四，师长要努力把角色分化，共享过程的理念与做法向外延伸

师生在课堂内的角色转换的思维方式，家长和孩子在家庭中角色互换的思维方式，要不断强化练习，形成换位思考、多角度审视的思维习惯，这样才能提高自学能力、反思能力。同时，形成遇事客观分析与理解他人的心态，使学习和创造未来幸福生活紧密联系。在这个过程中，教师和孩子是朋友关系，家长和孩子也有朋友的一重关系，彼此可以相互分享感悟，使“教–学”、使“共成长”从课堂内延伸到课堂外，从家庭内延伸到家庭外。这种延伸对于孩子的课堂学习和健康成长来说，不但是极其宝贵的资源，还是师生、亲子关系走向亦师亦友境界的土壤。

13 好记性有窍门：用好两效应

13.1 让人头疼的英语听写

朋友的孩子在我家，我爱人和我就成为代理家长。临近期末，各学科都开启了复习模式。其中，听写单词是周末的一项英语作业。结果因为听写，我的爱人和孩子都很不高兴。

周日上午，我有事外出。请我爱人给孩子听写，就是从第1～4单元中选择70个单词进行听写。午饭前，我回到家。看到孩子坐在书桌前，嘴角向下拉着，脸似乎皱到了一块儿，两眼灰暗没有一丝神采……我爱人看到我回来了，跟着我进了卧室，撇着嘴，小声对我说："一共听写了7个单词，错了6个……这还是复习了半天才听写的。简直了。"

是孩子没有好记性？还是根本没兴趣？还是……恐怕这样的念头，很多家长乃至孩子都曾出现过。怎样才能帮助孩子拥有良好的记忆力？这真是一个值得探究的问题。

13.2　心理实验故事

效应1　罗杰斯等人的自我参照效应实验：记忆中的自我中心主义

上一个故事中，我们批判了自我中心。因为自我中心在为人处世中常常带给我们烦恼。但在记忆中，它却具有独到的价值。这究竟是怎么回事？自我中心在记忆中究竟藏着哪些不为人知的秘密？

生活中，我们似乎有一种不自觉的优越感与自我中心。我们常常感觉自己处于世界的核心位置。由于我们倾向于把自己看成是世界的核心，因此难免会高估别人对我们的行为的指向程度。我们经常把自己看成是某件事情的主要负责人，而实际上我们只在其中扮演了一个很小的角色。当评判其他人的行为和表现时，又经常本能地与我们自己的行为进行比较；当和别人聊天时，若无意中听到他人提起自己的名字，我们会立即改变注意力的方向。在记忆的世界中，我们也无法逃避这种“自我中心主义”，心理学家把它命名为记忆中的“自我参照效应”。

自我参照效应是指，当人们将需要记忆的信息和自己相联系时，就能够回忆出更多的信息。加拿大心理学研究者罗杰斯（T.B.Rogers）、柯伊伯（N.A.Kuiper）和柯克（W.S.Kirker）等人首先进行了相关的研究。自我参照效应研究有较长的研究历史，最重要的来源是克雷克（Craik）、洛克哈特（Lockhart）等人提出的记忆的加工水平说。加工水平说认为，人们加工材料的方式影响记忆的效果，与浅加工相比，深加工能产生更持久的记忆保持效果。1977年，罗杰斯等人在克雷克的理论框架下，沿用他们的实验范式，探讨了比一般的语义加工更深刻的加工水平，即自我参照任务的记忆效果。

实验过程：（1）确定被试。学习心理学课程的学生自愿参加实验，每个人会因此得到1.5美元的报酬。被试的平均年龄为20.2岁，男、女各一半。他们被随机分配到8个实验条件，每种顺序各有4名被试。

（2）实验设计。这是一个2×4的实验，两个变量分别是学习单词时的加工层次与被试的评价。其中，加工层次是主要变量，分4个水平（即有4个不同层次的定向任务），分别是：结构性任务、语音任务、语义任务与自我参照任务。另一个变量是被试的评价，是控制变量，分为“是”与“否”两个水平。由于实验目的是检验自我参照效应对记忆的影响，必须区分单词是否描述了被试自身的情况，为避免被试的评价这个变量对记忆效果（因变量）产生混淆，所以对这一变量进行了控制，具体方法是除了“自我参照”任务之外的其他所有任务，对评价任务的回答“是”与“否”的数量是相同的。

实验共分为两部分。第一部分，被试在4个任务中对40个形容词进行评价。任务进行时，先提供一个线索问题，然后出现40个单词中的一个，要求被试回答“是”或“否”来评价这个单词是否符合该问题。线索问题与任务如下表所示（表13.1）。第二部分，评价后，要求被试回忆这些评价过的形容词。

表13.1　评价任务举例

任务	线索问题	控制
结构性任务	是字母大吗?	形容词与线索问题字号相同，或者是它的2倍大。
语音任务	与×××押韵吗?	×××是与前面呈现的形容词押韵或者不押韵的词。
语义任务	与×××同义吗?	×××是与前面呈现的形容词同义或者无关的词。
自我参照任务	能够准确描述你吗?	被试只要通过回答“是”与“否”来表明这个形容词是否具有自我参照性。

材料：实验最重要的材料是适合描述自我的40个形容词。其中38个词选自杰克逊的《人格研究量表：技术手册》（1967年）中描述人格特征的词。它们都是人们熟悉的词汇，并且注意了被选词描述人格特征的多样性。另外两个形容词是shy（胆小的）和outgoing（胆大的）。

语义任务中需要40个形容词的同义词，研究者利用《罗吉特词典》找到了这些词。语音任务中需要40个分别与哪些形容词押韵的词，其中90%是形容词。研究者还选择了40个不押韵、不同义的词汇，这样一半线索问题的答案是“否”。

还有8套词作为评价任务开始前与结束后的缓冲词。在每个任务中使用相同的缓冲词，但是数据分析时不计入成绩。这样做有利于效初回忆任务中产生首因效应与近因效应。

程序：被试单独进行实验。在开始的指导语中不告诉被试会进行回忆测试。计算机呈现刺激材料，并记录评价与评价时间。共计48次试验（其中8次为缓冲）。每一次包括以下内容：线索答案呈现3秒→0.5秒空白→呈现目标形容词，被试按键完成评价后消失。再呈现下一个线索问题前，有2秒钟的空白。在评价任务结束后，给被试纸和笔要求被试回忆评价过的形容词，时间为3分钟。

实验结论：统计结果发现，自我参照任务中的单词回忆成绩显著高于其他任务中的单词回忆成绩，特别是显著高于语义任务的单词回忆成绩。

通过2×4的因素分析还发现，任务类型主效应显著，而结构性任务与语音任务之间没有显著差异，其他水平都存在显著差异；评价的主效应显著，评价为“是”的单词回忆成绩更好。两变量的交互作用也显著。事后检验也表明，自我参照任务中不同评价对单词的回忆成绩有显著影响。

效应2　蔡加尼克效应实验：未完成事件在记忆中的妙用

在日常生活中有很多有趣的现象，比如我们到餐馆吃饭时，很可能会发现，在食物上齐前，服务员可以记住大量顾客所点的东西，可一旦一道道食物上齐之后，服务员可能就会把刚才所记的内容都忘掉了。

俄国心理学家蔡加尼克（Bluma Zeigarnik）在奥地利维也纳的一家咖啡馆里无意中发现了这个奇特的现象。这一现象引起了他的思考，随后他把这一现象引入心理学研究中，并通过实验来验证和解释它，最终于1924年提出了著名的“蔡加尼克效应”（Zeigarnik effect）。

实验目的：比较已完成的任务与未完成的任务之间，哪种任务被试的回忆效果更好。

试验过程：在实验中，蔡加尼克共设置了两组被试。其中，一组32人，向他们布置了22项不同的小任务；另一组14人，向他们布置了20项不同的小任务。任务的内容种类多样，难度不同，有的是将一些不同颜色和形状的珠子按一定模式用线穿起来，完成拼版；有的是从同一个指定的字母开始，找出一位德国哲学家、一名演员和一座城市，等等。其中一半任务允许被试完成，而另一半任务则中途被打断，即他们在解决问题的过程中，又提出了新的任务，以此来进行干预。为避免任务本身的因素对实验结果的影响，实验者在操作过程中又会把每组被试分成两个小组，一个小组允许完成任务，而另一个小组则会中途被干预。就全部实验来说，每种任务被完成或中止的次数相等，每个被试完成的任务和被中止的任务数量各一半。

被试并不清楚是否一定要完成这些任务，也不清楚对任务的干预才是实验的真正目的所在。每项任务结束之后所有相关的材料都会被收起来，没有任何回忆线索。实验结束时，在出乎被试预料的情况下，实验者要求被试回忆所做过的任务，并把结果记录下来。

试验结论：记录结果显示，在32人这一组中，被试回忆出的任务在7～19项之间不等，平均为11.1，占50%。在14人这一组中，被试回忆出的任务在7～16项之间不等，平均为10，仍是50%。随后，实验者根据任务是否完成的标准对任务进行分类，以确定哪一类任务更容易被回忆起来。实验者用RI表示回忆出未完成的任务，用RC表示回忆出已完成的任务，两者的关系用RI/RC=P来表示。如果P=1，那么说明RI和RC之间没有任何差别；如果P>1，则说明未完成的任务更容易被回忆；如果P<1，则说明完成的任务更容易被回忆。在32人一组的被试中，P=1.9；在14人一组的被试中，P=2.0。这就是说，未完成的任务比已完成的任务记忆保持效果更好。这证实了蔡加尼克当初的假设，因此这一现象被称为“蔡加尼克效应”。

蔡加尼克在随后的实验中，对变量做了进一步的研究。他发现，任务在中途或快要接近结束时被打断比任务开始后不久就被打断的回忆程度要高。也就是说，P商值随着任务的完成程度的提高而提高，在不同的时间进行任务中断的结果并不相同。另外，被试的个性同样对未完成任务记忆的保持程度有影响。具有高成就动机的被试P商值较高，他能较快地忘记已完成的任务，而把精力投入到新的任务中去。而低成就感动机的被试则对未完成的任务信心不足，担心自己能否完成它，其心理紧张状态与高成就者并不相同。

蔡加尼克效应的跟进实验

蔡加尼克的实验得到了人们的广泛关注。此后，其他心理学家也对这一记忆现象做过实验，大部分都证实了蔡加尼克效应的存在。例如哈罗尔（Harrower）在实验中，把16则完整或不完整的笑话交替地读给25位被试听。读完之后，要求被试立即把他们记住的笑话写下来。3周后，25名被试中有5人被要求进行第2次回忆。回忆的程度用百分比表示，结果发现（表13.2）：

表13.2　笑话记忆实验中的蔡加尼克效应

	不完整的笑话的回忆程度	完整的笑话的回忆程度	P
立即回忆	48.5	29	1.67
3周后回忆	45	26.2	1.71

表13.2表明，就P商值而言，很明显不完整笑话的回忆程度要比完整的笑话回忆程度高。由此可见，蔡加尼克效应具有普遍性。

蔡加尼克效应，从本质来说，就是未完成事件对记忆的影响。蔡加尼克认为，客观上未完成的任务并不会对记忆产生任何作用。但是当被试在进行某项任务时，心里会产生一个心理张力系统，只有当任务实际上被完成时，这种张力才会被解除。对于受到干预的任务来说，张力未能解除，被试仍然处于紧张的心理状态。因而在回忆任务时，存在的张力系统有助于被试回忆未完成的任务，以便继续完成。一旦这个任务完成了，那么这种张力系统就会松弛下来，原来做的事情就容易被遗忘。

13.3　运用心理实验发现，分析教育中的问题

蔡加尼克效应对教学与学习的重要意义

杜绝满堂灌。当下，“满堂灌”式的课堂依然存在，有些教师在上课时

总喜欢不断地讲授，希望把知识尽可能完整地灌输给学生，生怕有丝毫的遗漏。殊不知，老师讲得越完整，学生可能忘得越快。因为对学生而言，一个知识点学完了，就意味着一个任务的完成，心理张力系统会随之松弛，从而将能量投入到其他任务中去。因此，教师可以把这种微妙的心理机制应用到教学中去，给学生的学习、思考留下空间，从而使学生保持对教学内容的张力状态，加深他们的学习印象。这让我想起了上游学校建校之初的教研故事：

2016年上游学校成立，开学后第一周集体教研中，很多老师对课堂改革感到“痛苦、焦虑”。其中，一位高中地理教师说：“以前上课，根本不用备课，甚至都不用拿书，而用现在的方式，我天天备课，就连午睡的时间都在备课，可感觉效果只能达到预期的70%～80%。”我追问道：“以前上课不用拿书，不用备课，是在教什么？”——教知识。

对于教知识，老师常常认为，只要我把知识全部教给学生了，就无愧于心，所以老师们事无巨细，一厢情愿地灌给学生。但很多学生并不领情，所以学习效果常常不尽如人意。灌输式教学的学习效果，更多地取决于学生的学习自觉性和意志力。因此，那些学习内动力不足、自觉性低、意志力薄弱的学生，常常被甩掉甚至到后来老师和他们自己也都渐渐地放弃了学业。但上游学校的办学理念是面向全体和全面发展的，要求老师不放弃任何一个学生，并且追求发展学生的思维品质，追求让学生的大脑灵动起来。在这种理念下，老师们必须思考用什么办法促使每个学生都学会，并在学会的过程中还能逐步会学，也就是要以学习知识为载体帮助学生学会学习，培养学生的自主学习能力，使他们成为有自我教育意识和能力的新时代、高素养的人。

上游学校对老师的要求不再是是否讲完了知识，而是要看学生是否学会了并且会学了时，老师感到痛苦与焦虑是改革的必然，而老师用以前习惯的标准去衡量时，又感到难以达到此前的顺畅乃至效果。但当评价的时空拉长，而且位移到学生未来发展尤其是国家和民族角度审视时，就必然会突破以教师为中心的灌输式的局限。

3周后，那位地理老师说：“‘下五条’本质是提高学生的自主学习能力和学习的有效性。①因此一定要有学生的体验，一定要有认知度，才可以合作，否则就会陷入形式化”。3个月后，这老师已经在整合教材、创设悬念、设计教学上着力。从教知识到怎样让每一个孩子学会、会学，对于习惯了传授知识的很多老师来说，开始都是痛苦的。

从上游学校教师的转变上可以看出，当老师们理解并践行先进理念时，行为上就会逐步发生变化。我认为，学生也是如此。如果教师和学生都能意识到记忆效果可以通过调整策略发生变化，相信主动调整、自觉变革的意识和行为就能随之出现。同时，还会因记忆效果的提升，使好的记忆策略得以强化。

高度重过程。如果说满堂灌是教师需要改变的课堂行为，那么忽视过程而仅靠考前开夜车通宵复习的行为则需学生主动改变。因为，对知识的真正掌握，将知识予以内化，纳入到自己的认知系统，来自学习过程中的持续积累，而临时抱佛脚的行为，只是对知识的肤浅记忆。一旦考试结束，当张力系统处于完全放松状态时，先前对知识的记忆就会消失，乃至遗忘得一干二净。因此，由于临时的压力而进行的记忆对知识掌握、对深度学习无益。应付考试式的突击学习，也许能顺利地通过考试，甚至还能取得优异的成绩，但从真才实学角度看，这只是一种虚假现象，一旦走向职场或踏入社会，也许就会错失机会。

① 下五条，是《上游课堂教学建议》的简称。其内容是：（1）问题导学：从话题入手，引发认知冲突；（2）以学生的体验为基础；（3）关注相异构想，提高教学针对性；（4）利用学生间的差异，合作学习；（5）盯住思维线（生发线），重视结构化。

与“下五条”对应的是“上五条”，即《上游教师行为规范》。其内容是：（1）在这里说话无须防备；（2）因我而使周围的人快乐；（3）责人之心责己，恕己之心恕人；（4）什么时间做好什么事；（5）一切从学生的健康成长出发。

上游校训“反躬自省”是自我批判、超越自我、“拔节而生”。

《上游学生行为规范》简称“4句话”，即（1）因我而使周围的人快乐；（2）什么时间做好什么事；（3）我的人生，我的责任；（4）一切有效的学习都从自主思考开始。

上下五条、校训、4句话，是上游学校的发展纲领。她统领上游师生的思想理念、课堂改革，并对师生行为予以规范。

罗杰斯等人的自我参照效应实验对教学与学习的积极作用

人本主义心理学有一句话值得深思：当学习和个体没有发生联系时，学习就没有发生。

关于记忆的研究非常多，如我们熟知的艾宾浩斯遗忘曲线等。在研究记忆之初，人们就意识到意义记忆与机械记忆的区别，意义记忆的效果明显优于机械记忆。加工水平途径提出后，大量研究都证明对材料进行较深层次的加工处理能极大地促进记忆效果，这就是认知领域的精加工的作用。一般来说，我们提倡的精加工或深加工指的是对学习材料在语义水平上的加工，强调对材料的内在逻辑的理解。这种观点体现在学习观上，就是著名的心理学家奥苏伯尔对机械学习与意义学习的区分。学习与教学实践已证明，这样的记忆观、学习观对学习效果大有裨益。

自我参照效应实验在理解意义的基础上向前推进了一步。它不仅仅强调对意义的加工，而且要判断这个材料的意义与自身是否存在某种联系。这种联系把对个体更加有意义的加工与一般意义上的语义加工区分开来，可以取得更好的记忆效果。这种自我中心主义的特性对学生学习和教师教学都有很强的借鉴意义。特别是教师要善于利用学生自身的经历帮助学生理解知识。教学中，教师不仅要按照意义学习的要求，把教学内容按内在逻辑，完整有序地呈现给学生，而且要注意教学内容与学生实际生活相联系。教师要善于为学生在学习过程中创设有利于学习的“自身经历”；教师要善于挖掘学生的学习经验、生活经历，创设情境，让知识和学生有效链接。自我参照效应告诉我们，个体对自己亲身经历过的事情记忆效果最好。如果学习内容能成为学生亲身经历的一部分，那么其记忆效果就会事半功倍。

13.4　巧用记忆策略，提高记忆效果

第一，点燃孩子渴望学习的火花

看了电影《心灵之旅》之后，对影片中寻找“火花”的情节记忆犹新。对于提高记忆效果的问题，我认为，教师能否找到并点燃孩子渴望学习的火花至关重要。

我朋友的孩子在期末听写英语单词的过程中，出现了强烈反差。正如故事开头所说，在听写前4个单元随机抽取的70个单词的过程中，我爱人和他

都很难受，因为他的遗忘程度非常高。但在头一天傍晚，也就是周六我给他听写后两个单元的全部单词时，他则显示出较高的记忆水平，遗忘程度较低。排除尾因效应，这个现象依然值得探讨。对此，我与孩子进行了交流。

后面学习的内容是转学到上游学校后学习的。乔老师让我学会了记单词的方法，而且在课堂上，她不断地提问我们，我不敢分心。她还总表扬我，夸我记性好，还敢于表现……课堂上，乔老师不仅提问单词，还要让我们进行对话，对话的时候还可以造新的句子。我觉得，很多单词我在课堂上就记住了。不仅是单词，短语、句子包括课文里的很多内容，在课堂上我也记住了。对于我以前落下的内容，老师给我找了两个小老师，他俩每天也会盯着我，给我补课。现在，我觉得学英语没有以前那么难了。

在以前的学校，老师也有很多办法，为了考试还编了顺口溜。但我觉得她是在拔尖子，一上课，她说的很多东西我根本就听不懂，而且她也基本上不会叫我起来回答什么问题，所以我干脆就不听了。前几个单元是以前学的，很多东西一点印象都没了。听写前，尽管我复习了好半天，但还是记不住。

孩子的感受让我想起他到上游学校上了一周课，周五傍晚在家的情景。那天，我到家后，他兴奋地追着我，不停地说："我们英语老师非常棒！讲课非常精彩！非常有意思……"我在厨房做饭时，他两眼放光、兴奋不已，追着我说个不停；吃饭时，他仍然说个不停……第二周，依然如此。他非常敬佩、非常喜欢英语和语文老师，还用具体事例，对比分析他此前的老师和上游学校老师在课堂教学、作业布置、日常交流等各个方面的不同。

你看，一个孩子的情感被老师拉动起来，好学的火花被点燃了，学习英语的热情不仅提升了记忆效果，而且还向其他方面迁移。一个对学业几乎放弃了孩子，被重新点燃了学业发展的希望。

第二，学以致用、及时应用是记忆效果提升的良方

2021年寒假，上游学校行政班子研讨时，初中年级主任（兼英语教师）

在分享时谈到，初二、初三年级英语学科有两位老师成绩优异，分别是一直超棒的乔老师和年轻的彭老师。尤其是彭老师，所教班初一时成绩并不突出，但初二越来越好，初三已稳居年级第一。他们也在追问彭老师成功的原因，沟通交流后发现，两位老师共同的特点是在课堂了创设应用的情境，让孩子及时应用所学的知识点，例如英语单词。初一时，彭老师并不强调对与错，而是让孩子们敢于开口表达，能把学到的内容大胆地说出来，也就是特别强调英语学科的核心素养“语言应用”的落地。

从蔡加尼克效应来看，课堂上如果仅仅是记单词，那么记完单词后这个任务就结束了。但是，应用单词进行对话，运用所学句式独立表达，这个任务因为完成时存在缺欠或问题，任务常常难以完整或正确地完成，因而就变成了未完成任务，而未完成任务的心理张力系统就难以解除。同时，在应用过程中，把问题直接暴露出来，又便于师生明确新任务。任务形成锁链，张力得以持续。

同时，从“自身经历”效应看，20世纪90年代以来，最为流行的英语教学论流派是交际法（communication approach）。这种教学法认为，在交际中学习语言的效果比传统的翻译教学法要好，它特别提倡学习者在学习过程中要完成一定的任务，在完成任务的过程中，学习者学会课程要求的单词、短语和句式。从自我参照效应角度看，交际法的优势是不言自明的，而交际法的教学实践方式是符合客观规律的。学习者学习内容成为他经历的一部分，这样一定会更容易提取有关的英语单词和句式。

“体验优先”是上游学校结构化教学三原则中的一个，其出发点和落脚点就是要创造学生学习的自身经历，让学习过程和学生产生联系。毕竟，听过的容易忘，看过的记不牢，亲身经历的才印象深甚至刻骨铭心。

提供记忆力的方法非常多，在此后的著作中，将专门进行学习策略、具体方法的论述。敬请关注！

14 巧用评价：追求正激励

14.1 什么样的评价能起到正向激励作用？

评价是课堂观察中的重要内容，正向激励是新课改倡导的评价导向。但如何发挥评价的正向激励作用，是值得我们深度思考和持续研究的课题。

表扬或批评是教师评价的两种主要方式，用来反馈学生的学习过程或结果。根据学生的发展特点，恰到好处地应用表扬或批评对学生的发展起着难以替代的作用，用得好，可以促进学生积极学习，激励学生朝向我们期望的方向发展，呈现向善、向上、向美的态势；用得不好，则起到消极作用，不仅阻碍学生健康发展甚至还会给学生留下心理阴影和创伤，这样的例子颇多，如作家三毛中学时代在数学老师那里的遭遇。

那么，怎么做才能让评价起到正向的激励效果？

14.2 心理实验故事

赫洛克等人的表扬与批评实验：表扬与批评的妙用

实验1：探究表扬与批评对学生成绩的影响

实验过程：1925年，美国心理学家赫洛克将106名小学4年级和5年级的学生分成4个组，各组学生能力相当，在4种不同的情境下进行学习。每组学生的任务是做难度相等的算术加法，每天练习15分钟，连续练5天。第1组为控制组，研究人员对他们的成绩不予以任何评价，也就是既不批评也不表扬，而且让他们独处一室进行练习，与其他3组隔离开。其余3组在一个房间内做练习，但待遇不同。第2组是受表扬组，每次练习完后，研究人员对学生逐个点名表扬，进行鼓励；第3组是被批评组，研究人员从不表扬他们，而且对他们练习中发生的错误进行大声指责和批评；第4组是被忽视的旁观组，每次练习完后，研究人员既不表扬也不批评，但让他们能观察到另外两组受表扬和被批评的过程。

实验结论：结果发现，从练习的平均成绩来看，后3组的成绩都优于第1组。其中，成绩最好的是受表扬组，第二是被批评组，第三是旁观组。受表扬的组每次都有进步，被批评的组成绩虽然不如受表扬的组，但比其他组好。成绩最差的控制组，也就是单独在一个屋子里做练习，且既不表扬也不批评的那个组。被忽视组的成绩比控制组的成绩稍微好些，因为他们本身虽然没有得到及时评价，但却间接地得到了一些信息，也就是通过观察学习也有收获。这个实验表明，反馈对于学生学习效果有重要作用。教学中表扬的作用优于批评，而批评又比不闻不问要好。同时，观察学习对学生的学习也有积极作用。

实验2：比较批评与表扬对小学高低年级学生的不同影响

实验过程：1962年，心理学家齐格勒和坎策尔以小学高低年级学生为被试，做了下面的实验。

首先，将事先经过学业成绩测试的学生分成两个学习小组，每个学习小组内都有高年级和低年级的学生；然后，对两个小组分别采取不同的方法。对第一个小组经常予以表扬，并将该组命名为“故意表扬组”；对第二个小组经常给予批评，并称之为“错误矫正组”。经过一段时间的学习后，对两个小组的学生进行学业成绩测试，并将分组前后的学业成绩进行比较。

实验结论：结果显示，低年级学生中，“故意表扬组”比“错误矫正组”的成绩好；但高年级的情况却正好相反，“错误矫正组”的成绩比“故意表扬组”的成绩要好得多。实验表明，年龄较小的学生乐意接受表扬，哪怕表扬是表面的或廉价的，但年龄较大的学生已经有能力区分表扬是不是故意的，是否有诚意，对于符合实际的批评大多能客观对待。

佩奇的评价实验：具体的评语更有效

心理学家佩奇为探究不同的批阅方式对学生成绩的影响，进行了如下评价实验：

实验过程：佩奇以74个班的2000多名学生作为被试。他把每班学生都随机分成3组，分别给予不同的评语。第1组，以“甲乙丙丁”作为评价成绩的等级，没有评语；第2组，除标明“甲乙丙丁”等级外，还给予相应的评语，即按学生答案的特点，给予适当矫正或相称的评语；第3组，给予特殊评语，如对甲等评以“优异，保持下去”，对乙等评以“良好，继续前进”，丁等则评以“让我们把这个等级提升一下吧”。

实验结果：三种不同的评价方式对学习成绩的影响效果是不同的。相比较而言，第2组顺应评语和第3组特殊评语都具有很大的强化作用，学习成绩提高得很快，且两者差距较小；但没有评语的第1组成绩几乎没有提高。由此表明，教师对学生作业出了给出分数或评定等级之外，适当增加具有针对性的评语，是很有意义的。单纯地打“×”和给予学生一个单纯的等级，如同一下子否定了学生，会使学生产生失望情绪，不利于进步。

14.3　运用心理实验发现，分析教育中的问题

比批评更可怕的是放弃，是漠视，是不闻不问

赫洛克等人的表扬与批评实验，揭示了评价对学生学习结果的不同反馈，将直接影响学习效果。首先，没有反馈的学习，效果最差。因为没有反馈的学习是盲目和无方向的，因此，教师要对学生的学习状况和学习结果及时进行评价，哪怕反馈是批评，哪怕是间接的，都会对学生的学习起到促进作用。在教育过程中，比批评更可怕的是放弃，是漠视，是置之不理。如果学生对自己学习成绩的好坏以及与他人相比的情况一无所知，不仅会妨碍学生此后的学习而且会瓦解学生的学习动机。由此可见，教师对学生不闻不问

是对孩子学业乃至全面发展的最大伤害。

表扬更能激发学生的潜能

在教育教学过程中，表扬和批评都是不可或缺的评价方式，因为它们都能或多或少地促进学生的学业成绩。在表扬、批评和观察三种反馈方式中，表扬的效果最好，对少年儿童而言，表扬是一种神奇的、强大的驱动力。一般情况下，对学生的表扬应多于批评。也就是说，教育教学中要以正向激励为主。因为表扬更能满足学生的心理需求，更有利于激发学生的潜能。美国心理学家詹姆斯发现，一个没有受过激励的人仅能发挥其能力的20%～30%。而当他受到激励后，其能力能发挥到激励前的3～4倍。因此，在学习过程中，激励至关重要，这对任何孩子包括成人都适用。

批评是把双刃剑

表扬和批评犹如一枚硬币的正反面。在孩子成长中，在教育教学中，家长和教师要妥善处理表扬和批评的关系。同时，批评和惩罚也是家长和教师的教育孩子时常用的“武器”，对此一定要恰当应用。因为，批评是把双刃剑，用得好，能带来积极效果；用得不好，则会带给孩子乃至师长以伤害。同时，要特别警惕一味表扬的负效应。此外，表扬的真诚与指向也非常重要。因此，师长要用心学习、总结，把握好表扬与批评的度，尽量在全面了解事实的前提下，做出客观、全面、负责的判断，做到恰如其分地表扬和批评。

作业评价要给出具体评语而不是单纯给出否定性的“×”

佩奇的实验已证明，在作业评价中，顺应评语或特殊评语具有很强的激励作用，对提高学业成绩能产生积极影响。因此，教师在作业批阅中应尽可能针对学生的特点，运用多种方式进行评价，应力求能引发思考，产生激励效果。例如，用圈划方式点明具体错误之处，用“?”指出漏做的题目、没做的题目以及需要重新思考的地方，尽量做到既一目了然又能明确地指出问题所在。同时，尽量减少反馈对孩子的打击程度，并提高订正效率。

“一次作业 两次评价”的做法值得推广

多年前，我还在郑州市金水区工作时，一次到辖区学校南阳路第二小学检查中发现，该校学生的作业本上，每次作业评价既有“优、良”还有“A、B”。通过咨询学生得知：“优、良评价的是作业的正确情况，没有错题就得‘优’；‘A、B’评价的是作业的书写质量，书写规范、端正、整洁就得‘A’，有涂涂抹抹等情况，即使写得全对，也只能得‘B’或‘C’。”

关于“一次作业两次评价”的改革初衷，时任南阳路二小校长的王小蔷说：“书法艺术是学校的校本课程之一，在实践中我们发现，在书法课上或者专门练字时，学生的书写既规范又漂亮，可在日常作业中，却很难全面体现书法课的质量。因此，从2008年春天起，学校决定充分发挥评价的杠杆作用，采用‘一次作业两次评价’的方法，将书写质量与每次作业相结合，使书法艺术延伸到日常教学中。具体来说，就是各科教师对学生的每次作业，在评价正确率的同时，还专门对书写质量进行评价。此外，通过开办每周教师讲坛，请在作业管理等方面取得经验的老师为全校教师传经送宝，实现校内智慧共享。为了提高说服力，每次介绍经验的老师要图文并茂，也就是要有学生作业的展示图片等。”

当时，我非常感慨。我认为，素质教育的深入推进，在某种意义上说，就是站在学生终生发展的角度，将细致入微的关怀与体贴糅合在每一次的教育教学之中。而一次作业，两次评价的举措，就在细微之处，将关怀融于其中。如此，对孩子的发展将事半功倍。

14.4 巧用评价正激励，促进教学有办法[①]

评价在课堂教学中有不可替代的作用，特别是以合作探究或活动式情境的课堂更需要评价为其顺

① 刘历红. 小学教师课堂教学艺术生成策略研究［M］. 北京：中国社会科学出版社，2019.247-252.

利组织教学、达成教学目标保驾护航。

调控教学变游戏规则为纪律要求

很多老师尤其是见习期教师最常遭遇的困难是"管不住学生"，课堂常因秩序混乱而导致教学目标无法完成。因此，建议教师将课堂纪律转变为游戏规则。例如，郑州市金水区纬三路小学的综合实践活动教师张丽红，她在借班授课时，面对初次合作的学生，在课前短短几分钟的预热过程中，没有直接切入正题，更没有贸然提出纪律要求，而是先和孩子们玩游戏："冰糕，化了。"这是中原地区孩子们常玩的游戏，就像"木头人"一样，直观、鲜活、有趣。游戏前，教师强调了游戏的方法与规则："当听到我说'冰糕'时，不论你正在做什么，你就要变成冰糕，一动都不能动了。当听到'化了'才能自由活动。如果犯规，请你暂时离开自己的小组，等下一轮游戏时你才能再参加游戏。"然后，教师就带着学生玩了3分钟的游戏。游戏中，她两次强调了规则，并处理了违规现象，强化学生遵守规则的意识。当孩子们都能很好地遵守游戏规则时，她顺势迁移，提出："这个游戏就是我们这节课的活动规则，希望每位同学在课堂学习中像这会儿玩游戏一样遵守规则。"一节兴趣盎然、活动量很大的室内实践活动课，在将纪律巧妙转化为游戏规则的处理下，安全、顺利、流畅、快乐地完成了教学任务，学习目标有效达成。[①]组织教学，关键是教师要和学生建立起行之有效的课堂常规，并且教师要率先遵守规则，以身作则维护规则，才能产生执行力。

推进教学巧用多种评价方式

口头评价要精练精准。[②]教师用口头语言对学生学习情况做出判断的口头评价，是最直接、使用频率最高的评价方式。但教学中，有的教师经常轻率地进行口头评价：或习惯性地重复学生答案，或使用"很好""不错"等简单评价语。许多口头评

① 刘历红．教研员教学领导力：解决课堂核心问题［J］．中小学管理，2014，(6)．

② 张颖．"精"心设计"准"确导向"特"色呈现——综合实践活动课程中教师评价方法的探索［R］．河南（郑州）：金水区综合实践活动课程教学研讨课展评活动，2015：1.

价，并没有评价学生的真实表现。例如，一位青年老师在一节课上，重复学生答语或类似的无效评价达30次之多。我们针对教师口头语言的种类和使用场合进行分析，归纳出几种情况：一是使用“很好”“不错”等简单无效的评价语，但到底好在哪儿，学生并不明白，这种评价语应尽量减少或不用；二是对学生回答内容的重复，即学生说一句，教师重复一句，改变这类评价可采取：

（1）当教师没听清或不清楚学生的回答，可用追问或重述加以澄清；

（2）当师生达成共识时，可适当重复学生答语，以体现积极聆听；

（3）对习惯性重复、无价值评价，需换成具体适当的评价语言，如换成一句传递正能量的评价语等，以引导并巧妙组织教学。

当然，教师评价语言不精准精练，除了习惯性重复外，还有就是教师心理素质或随机应变的能力差，因紧张而致使发挥欠佳以及积淀不足。针对此情况，建议教师：充分预设教学过程各环节中的学生发言、行为、表现，提前设计相应的评价语言，课堂上直接运用。

客观评价要明确标准。教师对学生的评价常常出现主观、随意的问题，导致学生觉得老师先怎样就怎样，课堂就是老师说了算的负效应。因此提前将评价标准“晒”出来，明确标准，人人清楚评价规则，对推进教学将起到事半功倍的效果。

评价多样要技术先进。除口头评价、量表评价、总结评价、符号（奖励）评价外，引进先进技术也能有效推进教学。（1）实时影像评价。即利用网络和信息技术，进行快捷和实时评价。既能让学生感受时尚的信息，也能以更生动直观的形式让学生感受到评价的乐趣和魅力。如教师用相机抓拍一些典型的有评价价值的画面，并适时投放在大屏幕上，将对学生产生直接刺激，自己几分钟前的表现，真实地展现在眼前，学生马上看到了自己的优点和不足，这样的评价，是一种无须语言就可以直击心灵的无形力量，也是学生非常喜欢的评价模式。（2）轶事记录评价。即指导教师对所观察的有意义的事件和片段进行事实性和解释性的描述。

评价要突出课型特点。各学科都有很多课型，课型不同，教师的评价语言或评价方式也应随之变化。如综合实践活动中的设计制作、中期反馈、拓展延伸课型，评价的侧重点也需体现出课型特色。设计与制作课是通过活动激发的学生创造性，教师的评价语要有更多的表扬与激励，给学生广阔的创新思维空间，让学生将自己的聪明才智淋漓尽致地挥洒；中期反馈课，教师应帮助学生对活动进行分析与诊断，给予一定的方法指导，不下定论，开放性评价占主导；拓展延伸课教师应该通过评价进行总结，挖掘亮点，使学生体验成功的喜悦。总之，课型不同，教师评价侧重点及目标也应随着课型而改变，突出评价的课型性。

评价目的导向要明确。评价导向性体现在：纪律混乱时的监督评价，倾听时的激励评价，合作时的诊断评价，成果展示时的拓展评价等。评价起穿针引线作用，把脱离主线的学生或活动拉回到主旋律中，起规范和引导作用。如，当学生发言“跑题”，若不及时进行导向性评价，将导致后面的思维全都跟着这次发言而越跑越远。所以巧用评价，就可起到巧解“课堂”问题了然无痕的艺术效果。

此外，指导学生掌握评价方法进行自主评价，也是推进教学的重要方法。例如，活动类课堂中小组活动频度大，教师难以观察、评价到每一个学生，指导学生指导学生制定评价标准、掌握评价方法进行自主评价就能有效推进活动。

以综合实践活动课程为例，评价更多是过程性、发展性评价，更关注学生在活动过程中能力的提升和研究意识的培养，因此通过评价引导各个小组通过真实的语言反思前期活动规划和调整后期方案对于推进活动来说就很必要。[①]而反思总结的过程也是评价提升的过程。所以教学中，首先，要指导各小组讨论、确定小组活动评价表（表14.1）[②]，确定评价内容；其次，给出时间，让各个小组根据评价表进行自我评价，这个过程可以在课上也可以在课下完成；其三，在课堂上，组织各小组进行集中展示，全班分享，讨论交流（表14.2），为后续活动做铺垫，展示中对各组讲解员的仪态、声音、语言、内容等进行组间评

① 张杭．小学高年级活动评价标准制定的实践探索——综合实践活动课程中教师评价方法的探索［R］．河南（郑州）：金水区综合实践活动课程教学研讨课展评活动，2015：1.

② 注释：表14-1、14-2是河南郑州金水区纬五路第一小学郭宁老师在“金水区综合实践活动课程教学研讨课展评活动”中执教中期反馈课《走近郑州交通 做文明行者》中使用的两份评价表。

价。而讲解员的角色或可在不同活动中有所变换以锻炼每个成员的展示与演说能力，或可搭建不同角色的展示机会，促进学生在都有当众展示机会的前提下还要根据个人特长，发挥各自优势，或二者结合以促进学生全面发展，而整个过程中，每个学生都有机会当“小老师”，通过角色分化，达到彼此指导、相互学习、共同进步的目的。

表14.1　小组活动自评表

前期活动	经验	体验	困惑	困难
后期调整方案	优势发挥			
	改进不足			

表14.2　“走进交通　做文明使者”活动组间评价表

组别	评价内容					备注
	仪态大方	声音洪亮	语言流畅	大胆分享	内容清晰	
火眼金睛DV组						
勇往直前采访组						
如虎添翼调查组						
虎虎生威调研组						
金光闪电出行组						
步步高升法规组						
开天辟地地铁组						
四通八达通行组						
生龙活虎文明组						

注：表14.1、表14.2是以中期反馈课型为例设计的学生评价用表。其中，表14.1是小组自评表，表14.2是组间评价用表。不同课型的评价表要根据课型特点进行设计，才能起到评价的针对性和对活动的推进作用。

在指导学生进行组内评价和组间评价时，需要注意：（1）一个好的标准是在不断地实践探索中逐步完善出来的。因此，教师在指导对不同年级的学生时要与所区别，一是对于中低段的孩子指导要更多，以教师角色为主，课前就要思考清楚“评价什么、怎样评价”等问题，然后通过活动验证、补充、完善；二是对于已经具备自主评价能力的高年级学生来说，可以通过案例铺垫，引导学生分析活动特点和评价内容之间的联系，更放手些，以帮助学生向“教师角色”转化，小组制定评价标准并通过组间分享去完善评价方案。（2）评价的标准不能拘泥于“正确性”“标准化”，而应更加关注学生的使用效果，让他们在评价过程中体验评价效应，并鼓励学生创造性和个性化地添加评价内容，切实发挥学生的自主评价作用，在推进活动深入实施的过程中，全面提升学生的综合能力，促进能力生根。

15 抗拒诱惑：增强自制力

15.1 全媒体时代如何帮助孩子抵抗诱惑？①

全媒体是指信息传播采用文字、声音、影像、动画、网页等多种媒体表现手段（多媒体），利用广播、电视、网站等不同媒介形态，通过融合广电、电信及互联网络等进行传播（三网融合），实现用户以电视、电脑、手机等多种终端均可完成信息的融合接收（三屏合一），实现任何人、任何时间、任何地点以任何终端获得任何想要的信息。全媒体，在某种程度上说，它整合了与之高度相关、已出现的几个概念，如“新媒体”“互联网+”“网络技术”等，这些信息技术为人们做“自己的主人”提供了一个千载难逢的机会，因为权力正下放到使用者手里。在享受全媒体创造的诸多便利的同时，绝不能忽视随之产生的社会主导价值观影响力减弱，主动可控性降低等问题。

当下的很多学生可谓是网络“土著”，网络“原住民”，尤其是很多在城市长大的中小学生，他们甚至从婴儿期开始就会玩手机，随着年龄的增长有些孩子已成为不折不扣的“手机控”，他们自称“天天挂在网上”。2019年寒假，笔者的一位朋友电话求助，说自己上大一的孩子每天凌晨一两点睡，中午一两点起。登录孩子所在学校、所学专业的家长微信群，发现160多名家长都快疯了。孩子们都一样：因玩手机而晨昏颠倒，作息混乱。家长们普遍陷入焦虑之中。如果说考上名校的大一学生的家长因孩子

① 刘历红. 试论全媒体时代学校德育的困境与出路［J］. 宁夏教育，2019（6）：27-29.

玩手机而焦虑，那初、高中阶段尤其是初三和高三的家长，若是遭遇孩子沉迷于游戏或每日捧着手机，那简直就是度日如年，生活无望，如本书第9个故事“情绪管理 战胜小魔鬼”的家长。笔者在接待某些初、高中学生家长时，若孩子学业遇到困难，聚焦诊断发现：沉迷手机、通宵玩游戏基本是一个常见而普遍的症结。

不同年龄阶段的学生面临着网络上的重重诱惑，尤其是游戏，更是让很多孩子沉迷其中，无法自拔。而很多游戏充斥着色情、暴力等内容，成为新时代的精神鸦片。尽管这几年我国网络监管力度不断加大，但受国内外不同政治立场及各方利益驱使的团体或个人，仍不遗余力地做着层出不穷、花样翻新的不良网站、虚假信息、诈骗活动等，引诱不同层面的个体尤其是辨别力还不是很强、价值观正在形成、自我约束力还不高的青少年。

全媒体时代，如何帮助孩子在利用网络技术优势的同时，提高他们抵抗网络诱惑的能力，是新时代极富挑战性的社会课题。

实质上，当下不单纯是网络诱惑，随着物质高度丰富、选择机会增多，每个人面对的诱惑也越来越多。但是作为社会化的个体，要有组织、有规范、有纪律地生活，要在社会中求生存、谋发展，就必须得学会抗拒诱惑。

15.2　心理实验故事

阿隆弗里德的抗拒诱惑能力培养的实验

抗拒诱惑，是指在具有诱惑力的情境中，个人能依据社会规范的禁忌，对自己的愿望、冲动等行为倾向有所抑制，使自己在行动上不做出违反社会规范的行为。1968年，心理学家阿隆弗里德（Aronfreed）对抗拒诱惑进行了实验研究，为我们对中小学生进行正确引导和教育奠定了理论基础。

实验目的：了解不同情况的惩罚对抗拒诱惑自制力所发生的效果。

实验过程：被试为小学生，将他们随机分成3组。在被试面前放了两个玩具，一个玩具新奇好玩，对儿童颇具诱惑力；另一个玩具是被试玩过的、熟悉的，没有吸引力。研究人员让儿童取其中的一个玩具并编一则小故事，来说明玩具的特色。实验共分为3种情境，每次一个儿童，第1、2组为实验组，处理情境不同，第3组为控制组。第1组儿童取新奇玩具时（正想取，但还没拿到），研究人员就立即予以制止，说："不行，那是留给大孩子的"，被试只好取另一个玩具。第2组是儿童取到玩具时，再用同样的方式来制止。第3组是控制组，不给予限制。这个实验实际上是在进行抗拒诱惑的训练：被试明明自己喜欢那个新奇的玩具，但因为知道要留给大孩子，所以只好控制自己。

训练后，再在无人监管的情况下，任凭被试拿自己喜欢的玩具，以此检验训练效果。主试对3组儿童都不进行干涉，而只是在暗中观察并做记录。

实验结论：在抗拒诱惑的自制倾向上，第1组最大，第2组其次，第3组最差。

米斯切尔和戈尔曼的延迟满足实验

当下很多孩子沉迷于网络游戏不能自拔，造成这种现象的原因有很多，其中很重要的一条是这些孩子基本上没有形成良好的自我控制能力。这种不能克制自己的想法、总想马上得到满足的心理，表明孩子的延迟满足能力比较弱。实际上，延迟满足力低的孩子不仅容易网络成瘾，而且性格上也存在很多的缺陷，如任性、过度自我等。这些问题将妨碍孩子的健康成长，需要高度重视。因此，家长和老师应有意识地培养孩子的延迟满足能力，这对孩子健康发展极具现实意义。

延迟满足是一种心理成熟的表现，指的是甘愿为了更有价值的长远结果而放弃即刻得到满足的抉择取向，以及在等待中呈现出的自我控制能力。它是个体有效地进行自我调控和成功地适应社会的重要行为发展特征。从20世纪50年代起，心理学家米斯切尔（Walter Mischel）就开始对延迟满足进行了系列实验研究，并奠定了延迟满足的基本范式。此后，戈尔曼也做了延迟满足实验，并进行跟踪研究。

实验1：饼干和巧克力实验

实验目的：研究儿童延迟满足能力的干扰因素。

实验过程：心理学家米斯切尔在斯坦福大学的幼儿园挑选了32个3～4岁的孩子作为被试，其中，男孩和女孩各16个。实验开始前一周，两位研究者用了几天时间在幼儿园和孩子们一起玩，建立起了融洽和信任的关系，孩子们愿意与他们合作。被试跟着研究者走进实验室，在房间里表现得安心自在。实验室是一个小房间，有单向玻璃，可以让研究者对孩子进行观察。房间里的桌子上放着一个不透明的饼干盒，桌子前面有一把椅子，靠近椅子的地板上有4个电动玩具。实验者掀开饼干盒，露出里面的两种食品——饼干和巧克力。研究者问孩子："这两种食物，你喜欢吃哪种？"所有参加实验的孩子都选择了巧克力。然后，研究者告诉孩子："你必须坐在椅子上，并且坐着不动，我要出去一会儿，等我回来后，你就可以吃巧克力了。我可能会出去很久，如果你等不及了，可以玩电动玩具。但是没等我回来，就去玩电动玩具的话，只能吃到饼干而吃不到巧克力。"

实验者把被试分成4组：

（1）两种奖励物同时呈现：第1组，把巧克力和饼干两种食品都放在孩子面前；

（2）两种奖励物都不呈现：第2组，把两种食品都移到孩子的视线之外；

（3）只呈现即时奖励物：第3组，只把饼干放在看得见的地方；

（4）只呈现延迟奖励物：第4组，只把巧克力放在看得见的地方。

实验将研究者转身离开房间的那一瞬间作为幼儿延迟时间的计时开始，终止时间可能出现以下3种情形：（1）孩子一直坐在位子上，等到20分钟后，研究者进入房间，孩子获得延迟奖励物，即巧克力；（2）孩子中途经受不住诱惑，玩了电动玩具，得到即时奖励物——饼干；（3）孩子没有等到研究者出现，就直接吃掉了饼干或巧克力。孩子的延迟时间为等待开始到结束之间的间隔时间，以分钟为单位，研究者进行比较分析。

实验结论：结果表明，孩子抵制诱惑和延迟满足的能力在幼儿阶段已经有所发展，但十分容易受到各种因素的干扰和影响。如果在等待的时间里两种奖励物完全不存在，也就是饼干和巧克力都在孩子的视线之外，孩子等待的时间最长；如果在等待的时间里，即时的奖励物（饼干）和延迟的奖励物（巧克力）都在他们面前，孩子等待的时间最短，只能坚持1分钟。相比而言，只看见诱人的食品（巧克力）和只看见即时奖励物（饼干），孩子的等待时间更短。换句话说，当孩子看得见奖励物时要比看不见奖励物时更难控制自己，看得见诱人的食品比看不见有吸引力的食品等待的时间要短。

实验2：软糖实验

实验目的：探究儿童延迟满足能力对成功的影响。

实验过程：心理学家戈尔曼的延迟满足实验是这样做的。他发给被试，4岁的儿童，每人一颗好吃的软糖，同时告诉孩子们："如果马上吃掉，只能吃一块糖；如果等20分钟后，当实验者回来后再吃这块糖，就能吃到两块糖。"实验者在旁边悄悄地观察，发现有的孩子只等了一会儿，就迫不及待地把糖塞进了嘴里；而有的孩子则比较有耐心，会采取各种策略来分散自己的注意力，抵制软糖的诱惑，如孩子用自言自语、唱歌、做游戏、讲故事等方式来转移注意和消磨时光，以克制自己的欲望，拖延时间，最终坚持到实验者返回，从而得到了第二块糖。

实验结论：戈尔曼对实验中的孩子进行了持续研究，即在孩子们14岁时和进入工作岗位后的表现予以跟踪研究。结果发现：那些以坚韧的毅力获得两块糖的孩子，上中学（14岁）后，他们的数学或语文成绩比早吃糖的孩子要高出很多，同时还表现出较强的适应性、自信心和独立自主精神，并且意志坚强，经得起困难和挫折，更容易取得成功；而那些经不住诱惑的孩子则往往屈服于压力而逃避挑战。那些能等待并最终吃到两块糖的孩子，到了青少年阶段乃至迈入社会走上工作岗位，仍能等待时机而不会急于求成，他们具有一种更大更远的目标，并具备牺牲眼前利益的能力，也就是具有自控能力；而那些急不可待只吃了一块糖的孩子，到了青少年时期，表现的则比较固执、虚荣或优柔寡断，当欲望来临时他们无法控制自己，一定要立刻得到满足，否则就难以静下心来继续做事。实验揭示，能等待的孩子，即有自制力的孩子，他们成功的概率远远高于那些不能等待的孩子。

15.3 运用心理实验发现，解决教育中的问题

阿隆弗里德的抗拒诱惑能力培养实验的应用

从3组儿童选择玩具的实验中，可以发现：好习惯不是天生具备的，好品德也不是与生俱来的，人抗拒诱惑的能力是可以培养的。我们可以通过运用适当的奖赏或惩罚来培养孩子抗拒诱惑的能力，但赏罚不仅要适度，关键是要适时。也就是，要选择恰当的时机。抗拒诱惑能力的强弱直接影响孩子的意志力，影响孩子的整体素质，影响孩子的健康发展，影响国家和民族的未来。因此，教师和家长要重视孩子抗拒诱惑能力的培养。具体而言，请注意以下3点：

第一，要让孩子知道抗拒诱惑的重要性和意义

从教30多年，我接触了很多孩子。事实上，大多数孩子都是懂道理、讲道理的。因此，家长和老师要相信孩子。其实，如果孩子有明确的是非判断能力，在某种程度上就增强了管理力度，也减少了管理阻抗。如果孩子对善恶、是非的界限不明确，就很容易导致行为上的摇摆；如果孩子对抗拒诱惑的重要性和意义不清楚，就难免会在思想上产生轻视、漠视甚至因无知而引发无畏的行为；如果对执行准则的意义缺乏认知，则会产生盲目的行为。孩子只有能明辨善恶、美丑、是非，能分清诚实与虚伪、正义与非正义，才能用正确认识指导行为。孩子如果明确了自己抗拒诱惑的目标，才有可能萌发强烈的愿望，希望自己能经受得住考验，并且能用意志力去战胜不良诱惑。

第二，有意识地增强孩子意志与毅力的训练

意志在道德认识转化为道德行为的过程中，起着重要作用。有的孩子有正确的认识，也有付出行动的愿望，但就是意志力薄弱，往往虎头蛇尾，常因无法抗拒诱惑而难以坚持到底。训练孩子的意志，教师和家长可从如下方面着手：

（1）要让孩子养成控制和调节自己行为的习惯，以自己的顽强意志去克服内外干扰，战胜诱惑。在这个过程中，运用榜样示范，采取积极暗示，通过活动强化，等等，都可以起到较好的训练效果。日积月累，就能产生滴水

穿石的效果。

（2）可以通过行为训练，刻意练习，提高孩子自主和抗拒诱惑能力。比如，坚持晨练，坚持长跑，坚持练字，等等。也就是要想方设法地让孩子坚持去做一件事，以此来培养孩子的意志力。

（3）可以有针对性地采取不同措施着力培养。例如，自觉性低，就从自觉性入手训练；又如耐挫力差，就创造情境，磨砺承受力，等等。

第三，创造情境让学生切身体验并及时评价与赏罚

引导孩子通过讨论或辩论，如怎样抗拒诱惑等，提高思想认识，同时加强方法指导，创造积极的舆论氛围，培养孩子抵御诱惑的意识和能力。例如，在讨论中总结不能很好地抗拒诱惑导致的后果：无法抵御游戏的诱惑→作业质量低或不能按时完成作业→学习成绩下降→家长和老师批评→学习兴趣降低或丧失→不能很好地实现自身价值。其实，很多孩子在屈从于诱惑的过程中，会不同程度地出现纠结、矛盾乃至痛苦的挣扎，会产生内在的价值冲突。家长和老师要充分利用孩子内心的冲突，通过及时沟通、耐心讨论、深入分析，促进认识深入，增强正向价值的影响力度、强度和持久度。同时，还要合理使用各种方法、手段，根据孩子的不同表现及时给予肯定、表扬或者批评、惩罚，多管齐下，力求实效，切实帮助孩子提升战胜诱惑的意识和能力。

米斯切尔和戈尔曼的延迟满足实验的应用

从两个延迟满足实验来看，延迟满足能力从小就有，能够自我延迟满足的人，更善于调控自己的情绪和行为，拥有更高的心理健康水平和更多的未来成功的机会。因此，培养孩子延迟满足能力对孩子的发展很重要。

在培养孩子的延迟满足能力上，以下办法仅供大家参考：

（1）**避免即时满足，鼓励延迟满足**。新时代，越来越多的家庭生活条件日益提高，容易造成家长对孩子的要求有求必应，尤其是很多家长忙于工作，陪伴孩子的时间减少，总想通过物质手段去满足孩子以补偿自己内心的歉疚，所以无论是吃的、喝的、玩的，只要孩子开口，甚至孩子不开口，仅

是稍有暗示，家长就会立即满足。从长远来看，这样做对孩子的成长弊大于利，不仅容易造成孩子缺乏贪图享受、奋斗努力的意识，而且难以养成延迟满足的自我调控能力和坚韧的意志力，对孩子未来的发展埋下了诸多隐患。

（2）**树立正向榜样，培养忍耐能力**。良好的自控能力是任何时代优秀人才必备的素质。近几十年，很多青少年出现了一种趋向，他们被宠爱得既不会忍耐也不会克制，中华民族传统的优秀品质，例如吃苦耐劳，坚韧不拔等品质似乎消失殆尽。前些年，孙云晓老师撰写的《中日儿童夏令营的较量》对此现象有过报道，也引发了社会各界地持续关注和深度叩问。当然，这和我国当时实行的独生子女政策有着密切的联系。近些年，随着教师、家长和社会各界对人的培养的认识越来越趋于理性，对孩子高素养的积极关注，当下对孩子的培养相比较前些年应该是越来越科学了。其实，模仿是孩子的天性，父母或教师应有意识地利用榜样的力量，一方面要自己身体力行，言传身教，给孩子做榜样，潜移默化地带动孩子；另一方面，也需要帮助孩子寻找并确立模仿的榜样人物，用现实生活中的人或是传统文化中的人去引领孩子，塑造孩子，积极、主动地培养孩子的延迟满足能力，让孩子学会等待，学会控制自己的欲望，学会通过自己的努力得到自己想要的东西。需要提醒的是，在培养孩子延迟满足的过程中，观察学习也是积极且有效的方法，适时应用，能发挥不一样的效果。

（3）**积极主动调控，奖励策略强化**。培养孩子的延迟满足能力，应尽量从小抓起。心理学上有句话，建议大家牢记并运用，那就是“干预越早，效果越好”。延迟满足，自控力培养，离不开表扬与激励，家长和老师可灵活运用。首先，是要有意识地引导、训练；其次，是当孩子出现点滴好的表现，出现些小的进步时，家长和老师可采用累积性奖励方式，在每次及时肯定的同时，还要进行记录，待累积到一定阶段后，再进行奖励，以此强化延迟满足行为。

人的需求得到满足，有几种不同情况，如根据满足的时间和程度，可以分为延迟满足、适当不满足、超前满足、即时满足、超量满足等。延迟满足实验为我们了解等待与成功之间的关系提供了积极启示和思考。教育孩子，我们倡导延迟满足、适当不满足。同时，应尽量避免超前满足或超量满足，这样对孩子的健康成长才是更理性和更负责任的。

16 刻意训练：建设学习法

16.1 我的学习故事

每个人都是学习者，只是当今的学习者和从前相比，再不能期望只在青少年时期专心从事学习活动，之后运用所学就能安身立命，在社会上求生存并谋发展了。我们每个人都有自己的学习经历，而我的学习故事或许有点特别。之所以这样说，是因为我在青少年时期接受系统的学校教育的时间比较短暂，但在生命岁月中整体受教育的时间又相对漫长。尤其是很多人了解到我的运动经历并最终还完成了博士学业后，常常感到好奇乃至惊奇。

我出生在山东省济南市历城区，因此，父亲为我取名历红。算起来我和李清照、辛弃疾是故人，因为她（他）们都是历城人。[①]

我9岁以前的童年时光，是在山东省济南市章丘区刁镇柴家乡度过的。那是我母亲的家乡。在那里，我和多数小朋友一样，过得很快活，无忧无虑。对我而言，在乡村度过的那段童年岁月是最美好最难忘的。

9岁那年冬天，我到了河南省郑州市，这里是父亲工作的地方。从此，我们一家4口人（父亲、母亲、我和弟弟）就真正地团聚了。郑州是我的第二故乡。也就是从那时起，直到我18岁，体育训练便成为我每天的必修功课。我父亲是传奇的运动员和优秀的教练员，青少年时代，他是河南体育史上第一位举重运动健将，在国家队拼搏10年曾8破全国纪录。父亲无论是当运动员还是做教练员，都创造过辉煌战绩。他非常希望我能在竞技体育上有

① 刘历红．说出你的烦恼（下）-后记［M］．郑州：海燕出版社，2007.

所建树，但遗憾的是，我让他失望了。

尽管多年努力之后，我依然没能在竞技运动中取得出色的成绩，但是那种体育特质，也就是顽强拼搏、奋力进取的体育精神，已经深深地融进了我的血液，成为我性格的主要成分。无论什么事情，我都要尽力做到最好；无论遇到多大困难，我都会咬牙坚持直到克服。

18岁那年，我从河南省体育运动学校毕业，进入郑州的一所小学担任体育教师。到2021年，我已经整整在教育战线工作了32年。这32年里，我对学生们投入了十二分的爱心，对工作投入了十二分的认真。20世纪90年代，当许多人把体育课当成是可有可无的摆设，甚至有些体育教师无心恋教的时候，我却在努力钻研体育课教法，先后在区、市、省教学比赛中获奖，1997年，作为河南郑州金水区第一个到全国讲课的教师，在重庆市承办的“全国十城市体育教学观摩研讨会”中，执教的小学三年级《后滚翻》一课获得一等奖及最佳创新奖。

我深知，要想获得更大的发展，必须具备深厚的文化修养。但是我在上学期间，由于常年的体育训练，没有全力以赴学习文化知识。没能接受正规、系统的文化教育是我一生最大的遗憾。正因为如此，我对知识有着别人难以理解的迷恋。这种难以自持的学习情结使我自中专毕业以后，近乎疯狂地寻找一切机会去学习。开始时没有明确的目标，见什么就学什么，什么火爆就学什么，上过英语班，学过计算机……由于喜欢旅游和摄影，加之我的梦想是当一名记者，1990年至1993年，我读了郑州大学新闻系首届新闻摄影函授大专班。后来，随着学习的深入，我开始把目标集中到我的本行——体育，和我非常钟爱而且对我的工作非常有用的心理学上来，并尝试着把两者结合起来。1999年从武汉体育学院体育教育函授本科毕业后，2002～2004年，我又自费上了中国科学院心理研究所研究生课程班。2004年考入东北师范大学，2006年获得教育硕士学位。经过4年考博，2012年我考入西北师范大学教育学院，师从长江学者王鉴教授，学习课程与教学论，因为对心理学有强烈的兴趣，我的博士论文《小学教师课堂教学艺术生成策略研究》也是从心理状态、情绪体验等切入，结合我多年的教育教学实践经验，并通过实证研究，提取出体贴教学、情绪管理和“师生角色分化 共享教学”等课堂教学艺术生成机制。2016年我博士毕业，并以论文答辩优秀的成绩获得教育博士学位。

很多人都说我是“学霸”，我爱人也开玩笑说，我这个杂牌军在考硕、考博的过程中，是和正规军PK。读博第一学期，王鉴教授在给我和同学布置了读书任务，他在听了我们的读书报告后，评价说：“刘历红已走进了学术大门！”并把我报告的全文《读书会分享——读王策三著〈教学论稿〉和李秉德主编〈教学论〉之思考与感悟》刊登在了《当代教育与文化》杂志上。①

究竟是什么原因，使我能在学习的道路上稳步向前，并一步步登上学术的顶峰？

我认为，首先是多年的运动训练，使我拥有坚定的信念，拥有良好的自我系统；其次是我有一套自己摸索出来的学习方法，而且随着研究意识的增强，这个学习方法不断得以完善，结构越来越清晰，应用越来越自觉，效果也越来越明显。

16.2 历红五步学习法

反思我的学习过程，在提炼学习方法的过程中，我发现，每每介入一个学科或是研读一本著作，基础路径有5步（表16.1），即从统摄概念入手，从目录到目录的结构化学习法。

① 刘历红. 读书会分享——读王策三著《教学论稿》和李秉德主编《教学论》之思考与感悟［J］. 当代教育与文化，2012.（6）108-112.

第1步：研究统摄概念

统摄的概念，是雅斯贝尔斯在1931～1932年的冬季提出的，并成为他的哲学逻辑的基础。他认为，每个人都被某种东西统摄着，这种无所不包的存在是一种永远也看不见的视野边际，超越客体，通过主客体合一说明自身存在，他常通过带有否定性意义的方式对统摄涉及的诸多概念进行论述，统摄的基本思想似乎难以实现，可一旦掌握却又简单明了甚至自明，就像同时将意识和存在合而为一的超验一样。

表16.1　历红五步学习法

步骤	做法	性质	例子	要求	标准	意图
1	研究统摄概念	宏观	学科名称、书名、核心概念等	或研透是什么？为什么？怎么办？或列出感兴趣的问题等	或掌握本质、特点，明晰内涵外延；或明确研究的核心问题	顶层切入，系统把握，掌握统摄性概念
2	研究目录	整体	对照目录进行纵横关系的梳理，对比分析形成独立判断	明确各章、各节内在逻辑，及有什么、占比等，从结构上与此前、此后等进行比较分析	明确一册书或几册书的核心主旨，主要结构、主要内容，各自的侧重点，上下左右之间的内在关联等	整体分析，建立练习，明确重难点，清楚施力方向
3	研究单元	局部	深研单元结构与内容	提取单元的统摄性概念，掌握概念的相关公式、定义、原理、方法及与之配套的例题等	能分类、匹配、概括、认定，或是在先学前对有疑问、不理解的内容进行标注，学习后能自主解决疑问，能理解，并举一反三	建立局部结构，以支撑整体，对顶层与系统结构有深入理解
4	研究节	细节	对某一节的内容进行分析	建立微结构，即在逻辑上完整的信息组合。若微结构存在缺漏，能利用推断，健全微结构	掌握默认的推断：对有关人、地点、事务、事件和抽象的概念所做的推断；掌握理性的推断：添加不明确信息的另一种方式，是推论的结论	建立并理解概念，对微结构有深度把握，能促进信息准确、快速地提取
5	对照目录查验评估	自主测评	依托目录，说框架，讲内容，包括例题等	自主进行学习评估，或称学业质量健康体检	健康：定位准、讲得清、说得明；亚健康：定位较准、讲得较清，但有遗漏，有模糊点等；有病处：完全遗忘，或有错误	查漏补缺，对症下药，针对性跟进，尽早解决问题

在进行统摄性概念研究中，如果存在问题，建议暂时搁置，使之成为未完成任务，即蔡加尼克效应，提升学习效果。

第2步：研究目录

我是从备考硕士开始重视对目录的研究的，在博士学习期间研究目录已经成为非常明确的学习步骤，在研读王策三和李秉德两位先生的著作时，我就是从目录对比分析开始，并得出自己的结论的。如果说当时我只是以研究的方式在读书的话，那么后来我才知道其实研究目录古已有之，而且目录学还是一门专门的学问。

目录在我国很早就已产生，西汉刘向校书即“条其篇目”“撮其旨意，录而奏之”，而后别集众录，作《别录》，是较早编制的群书目录。《汉书·叙传》曰“刘向司籍，九流以别，爰著目录，略述洪烈，述艺文志第十”，较早提出“目录”一词，专指群书目录。余嘉锡先生曰“何谓目录？目为篇名，录则合篇目及叙言之也”，功用是“论其指归，辨其讹谬”“穷源至委，竟起流别，以辨章学术、考镜源流”；“类例分明，使百家九流，各有条理，以见学术之源流延袭。”他指出“目录之书，既重在学术之源流，后人遂利用之考辨学术。此其功用固发生于目录学之本身，而利备随及于学者。”①

“目录之学，学中第一紧要事，必从此问途，方能得其门而入”。盖目录犹启关之钥，持此则可开门而行，随意所之；若不解此，则一步大门未出，遑论学术。故目录之学，浅之足以知读书门径，深之则一切学术，无不综贯，目为学术之史，迨未为不可。②

研读了以上文献后，我才明白2012年秋季，也就是我读博的第一个学期，为何王鉴老师在我们读书报告后评价我已“迈进了学术大门”。或许有人会问，中小学生又不是研究生，需要这样做吗？让他们按照老师的设计一步一步、按部就班地从知识点开始学习不好吗？大家不都是这样学的吗？

我也曾问过自己这个问题，我的中小学阶段，不也没有研究目录的做法吗？但在几十年的学习尤

① 转引自张晓丽．明清医学与科目录研究［D］合肥：安徽大学，2010：1.

② 苏晋仁．佛教目录研究五题［J］佛学研究，2000.（6）：186-200.

其是后期的自学（我考大专、本科、硕士、博士都是跨专业，基本都是自学的）中，我认为，研究目录就是从整体结构进入，通过比较分析，自己建立框架，在要素（章节）间梳理纵横关系，建立联系。实际上，这就是一个自主建构的结构化的过程。同时，如果还不能建立或健全结构，甚至也并没理出纵横关系也不要紧，因为这个主动思考和建构的过程，就已经为此后的学习埋下了伏笔，并使之成为未完成任务，这对更好地掌握知识是有积极意义的。对此，故事13中的“蔡加尼克效应”已有揭示，不再赘述。因此，学习过程中若能经常回到目录中来，对于梳理、盘点所学，将事半功倍。

第3步：研究单元

对单元的研究众多，有学者专门研究过知识单元，他们提出，知识单元是知识控制与处理的基本单位，是一切知识管理活动的前提。知识获取、知识表达、知识生产、知识组织、知识存储、知识检索、知识计量、知识服务、知识提供、知识发现、知识挖掘、知识创造等全部知识管理活动的实现都是以知识单元为基础进行的。可以说，知识单元决定了知识管理的广度、深度和精度，知识单元的演变反映了知识管理的变化过程。①

在中小学，从目录中看单元，各个单元或是相同类型的文章或是包含与被包含关系的知识组成的课文或节，教师上课时会将其拆分成有逻辑关联的课时，由前至后、由浅入深或有所侧重的带着学生学习。目前，单元教学法的研究比较多，有的老师甚至会对单元进行重构，以便于学生更高效地学习。

第4步：研究节

对于节，是知识单元的组成部分，唯有扎实掌握，系统知识的结构才能建立。对此，需要从微结构的要素上将点状的知识结构化。建立微结构，即在逻辑上完整的信息组合。若微结构存在缺漏，需利用推断，健全微结构。组建微结构时起主导作用的是推断：一是默认的推断，即对有关人、地点、

① 文庭孝，罗贤春，刘晓英，张蕊. 知识单元研究述评［J］中国图书馆学报，2011（9）：75-86.

事务、事件和抽象的概念所做的推断（信息补全）；而是理性的推断，即添加不明确信息的另一种方式。这样的推断不属于普通常识，相反，它们是推理的结论。[①]

第5步：对照目录，查验评估

学业健康体检的结构化方式，就是对照目录做自我评估。看着目录，能准确、迅速地提取出对应的信息，就是学业健康的部分；对照目录，出现模糊或记不清的地方就是亚健康部分；而看着目录，什么也没有印象的部分就是病症的部分。针对亚健康和病症，不仅需要做标记，返回章节重点学习，还要针对不理解的内容主动学习，如查阅微课或主动请教同学、老师等。目录是一册书、一单元、具体某节的知识框架，对照目录进行自主检测，能避免仅仅是看错题本或看试卷带来的知识点的遗漏。从这个角度上说，关注考纲，对照目录，自主建立健全知识体系和评估监测掌握情况才是真正的自主学习。学习归根结底是自己的事情，因为个体存在差异，但在班级授课下，个体问题往往难以得到针对性关注。因此，学生自己养成有意识、系统化、及时的检测对保证学习效果至关重要。

16.3　刻意训练，建设属于自己的学习方法

刻意训练指那些由教师、指导者或个体专门设计，用以改进个体当前的行为水平、对个体最终成就起决定作用的长期的、特殊的训练活动。需特别强调的是，刻意训练不是一种训练方式，而是一系列特殊训练活动。[②]

每个人的认知风格、记忆特点等都存在差异，所以最适合自己的学习方法需要自己摸索，当然有意识地借鉴科学的方法可以避免走弯路，但成长过程中，适当地走弯路也是一种收获。因此刻意训练的应该是组合、嫁接或整合后，个性化强、针对性

① 罗伯特·J. 马扎诺，约翰·S. 肯德尔，高凌飚，吴有昌，苏峻译. 教育目标的新分类学［M］. 教育科学出版社，2012：33-34.

② 郝宁. 专长的获得：刻意训练理论及实证研究［D］. 上海：华东师范大学，2006

强的带有个人风格的方法。当然，所有的方法中都存在共通之处，也就是要从效果的角度检验成效，且个人乐意运用，能真的指导自己的学习行为。那么，在这样的意识指导下，长期坚持，坚持中还能自觉地总结、反思并调控，那么建立属于自己的学习方法就会成为现实。

学习犹如滴水穿石，贵在长期坚持，日日坚持。刻意训练，10年，10000小时效应才能出现。所以，本书最后这个故事，是我的学习与成长故事，她属于泛化的心理实验故事，应该具有重复性，希望能带给读者一些启发。不一定是照搬我的学习方法，但当您自己坚持探索和建立自己的学习方法，并能长期坚持，相信定会有不一样的效果。

后记

写本书的内心体验、收获与致谢

写作从换位思考、多方论证开始

2020年3月，这本书开始构思并研读文献。序言写好后，5月2日我动笔写第一个故事《两把剪刀的故事》。5月10日，我将写好的内容分别发给了不同领域的朋友，请他们帮我挑毛病，找问题，提意见。首先，请出版社的编辑从专业的角度审视，在选题、结构、行文等方面给予指导；其次，请不同省份和地域（如城市、乡村）的中小学老师阅读，从吸引力、实用性等方面谈感受，提建议；其三，请心理学专家与传播学专家从专业知识和传播效果等方面提建设性意见。

在收集了各方意见与建议后，我用了16天的时间修改，调整了故事呈现的结构，初稿的写作顺序是“第一步：心理实验故事；第二步：教育教学故事；第三步：用心理知识分析教育教学故事中存在的问题；第四步，提出解决问题的办法”。根据大家的反馈尤其是一线教师的建议，调整了前两步的次序，旨在拉近与读者的心理距离。

征求专业指导和征集读者感受，让写作因先行论证，明确了方向，清楚了注意事项，整体框架和行文基调得以确定。带给我的收获是：做任何事，首先要自主思考，也就是先得有自己有想法或方案；其次要主动求助，想方设法借智慧，让别人特别是服务的对象提出意见或建议，尊重他们的感受；其三要深入分析各方的意见和建议，针对性调整，完善精进，保障效果。

在日常生活中，为了赶进度，追求高速度，或许我们会跳过论证的环节，减少了行动前的商量。结果是，常因缺乏前置沟通，使行动因不被理解而遭遇阻抗，在不得已的情况下，投入更多的时间和精力补救，事倍功半，无助烦恼。我觉得，尽量防范或减少被动，需有意识地增强行动前的充分论证，加强顶层设计，做好前期准备，哪怕多花一些时间，也是十分有必要的。

写作计划暴露出过于乐观的问题

确定了故事结构和行文基调后，我计划：每天晚上写90分钟，半个月完成一个故事，用5～6个月的时间完成全书预设的16个故事，2020年年底前完工。但实际上，2021年2月19号，才利用寒假写完了16个故事。

计划延后，让我清楚地看到了自己的问题：常常高估自己的能力，做出过度乐观的判断。突出表现是阶段、每天列出的任务多，但完成的速度慢。因此，尽管一直在和时间赛跑，但总觉得被任务甩到了后面，身心难以放轻松。分析症结，一是高估了自己的自律性、自制力；二是对工作中各种突如其来的事缺乏预见性，如没有给工作中突发性、临时性事务预留时间，对其复杂性、反复性和持续投入度缺乏客观判断，导致计划需经常调整。而我的原则永远是工作第一，学业第二，其他事务居后。当完成工作后，要不然已经没有时间，要不然大脑已经难以运转，因此每天写90分钟的计划难以实现。可计划已定，任务在身，不得已，我常常在清晨4、5点钟起床，写2个小时左右，然后再投入工作，周末、各种假日，拥有相对完整的、大块时间，才是最佳写作时段。

这个体验带给我的收获是，现在制订计划，我会在第一反应的基础上，有意识地预留出弹性时间。换句话说，就是在写出任务内容、完成时间后，根据任务量和难度，适当延长完成的预设时间，并在过程中进一步细化内容和目标。同时，针对进度中出现的问题，及时反思、调整。经过这样的刻意训练，现在工作依然繁重庞杂，尤其是面对创新性强的工作时，尽管挑战压力大，对综合能力要求高，但感觉做起来比以前节奏把控更从容了些，心态也相对平和了不少。其实，做任何事都难以避免出现这样那样的问题，只要积极面对，坏事就能变好事，所以勇于暴露问题就应给与肯定，针对性解决问题，就是进步。坚持下去，良性循环，向上的发展态势必能呈现。

这是我在写作计划没能如期实现这个点上，查摆出的自身问题，解决方法，以及迁移策略。

写作中得到的支持、鼓励与感谢

多年来，始终有很多师友对我进行着指导与帮助，这或许是我一直在成长的重要原因，对此我充满感激，对他们表示衷心感谢！

（1）非常感谢华中师范大学心理教授、博士生导师周治金老师。1998年他作为武汉体育学院的心理老师，讲授运动心理学。23年来，每当我向他求助时，他都会娓娓道来，客观分析，帮我解决了很多烦恼与困惑。这次，我原本是想与他合作，但他觉得自己对中小学教育并不熟悉，且研究领域是认知心理学，所以没有达成合作意愿。但他非常支持我写这本书，还发给我很多专业资料，并推荐了《心理学经典实验书系》。

（2）非常感谢教育科学出版社的编辑刘灿老师。2004年，教育科学出版社发了征集一线教师日记的消息，因为我从小学有写日记的习惯，所以本着试试的想法，就主动打电话沟通，自此与刘灿老师结识。当时，在他的指导下，我整理了部分日记。但那时我正在攻读硕士学位，囿于学业压力及工作事务等原因，当然关键还是自己水平有限，所以，我放弃了整理并出版日记的计划。但和刘灿老师的缘分一直保持着。2016年，我博士毕业前后，为出版自己的学位论文再次联系刘老师向他请教，遗憾的是，第二合作意向也未能如愿。2020年3月，当我萌发写这本书的想法后，第三次和刘老师联系，刘老师就我的写作思路和出版意向进行沟通。他很支持我的想法，给我提出了很多宝贵的意见和建议，整个写作过程中，一直鼓励我，带给我很多动力。我想，将来若能在教育科学出版社出版著作，才是对近二十年来和刘老师多次有合作意向的一个总结。为此，衷心感谢刘灿老师的指导、帮助、鼓励，真心期待我们的合作早日到来。

（3）非常感谢在中小学一线任教的多位朋友。2010年至2016年，我在郑州金水区教体局教育发展研究中心教科所任科研员，同时还是心理健康教育和综合实践活动课程的教研员。郑州市金水区纬三路小学的综合实践活动专职教师张丽红是学科团队的骨干，承担了很多挑战性任务。多年来，我们一直保持着友谊，所以，我请她先看书稿前面的内容。她认真阅读后，2020年5月12日，反馈了阅读感受："刘老师：您好！我仔细拜读了您写书的意向文字，非常感动于您的落脚点——解决教育教学中的问题。我在想，若是一本工具书，帮助老师进行实操性的可能性会更大，我最近看了《高效能人士的七个习惯》这一书，我受益匪浅，里面和您预写的一些观点，有殊途同归、大道至同的感觉。我有几个小小的问题，希望得到您的指导：①这本书阅读对象是指向一线老师的？还是……②这本书里面是以工具性的实操为主，还是偏向于理论通俗化的解读？③若您需要课例，能否涉及整个义务教育呢？④若需要小学的案例，我能否也试试（跟着您才能不断进步）。”丽红爱读书，善思考，有想法，针对她的疑惑，我们进行了沟通，对阅读对象我专门在序言中进行了界定。真诚感谢她一直以来的信任、支持与帮助；真心希望在未来的写作中和她早日合作，共同进步！

我的发小李蔚也是郑州市金水区的一名小学教师，我请她阅读并反馈意见时，她还找了同办公室的王瑞娟老师一起阅读。王老师的微信留言是：“很多人虽然是有解决问题的想法，但一看到深奥的理论，或是不太通俗易懂，会让老师们觉得阅读挺困难的。人本身都喜欢简单不喜欢复杂，一旦开头感到困难，就容易产生不想继续阅读的念头。不过，她写的这个文章开头刚好是从故事起头的，还是挺吸引眼球的。老师们都学过心理学，对心理学有一定认知，能够轻松读懂……期望能让我看看全册”。真心感谢李蔚和她的同事王瑞娟老师。希望《选择相信》能早日出版，届时我一定送给她们每人一本，以感谢她们先行阅读并及时反馈。

为了了解其他省份老师们的阅读意见，我还拜托当时做教育培训的好友马剑帮忙，她帮我联系了其他省份包括山区农村学校的老师。篇幅所限，仅选取其中一位老师的反馈，以示感谢。

“虽然只是看到了书的序言和一个案例分析，但《两把剪刀》的故事，读得潸然泪下。

试读的感觉真好。第一感觉是语言接地气，如拉家常般开启了写作。道出了一线教师的心声，教学实践向学术转化困惑，理论向实践转化困难，用实验数据呈现问题并解决问题，此书作为理论和实践之间的支架有及时雨的感觉。

其次内容安排条理清晰，让读者一目了然，没有看得云里雾里的混沌感，非常舒服且有用。从写书缘由，到这是本什么样的书，接着写实验的方方面面，内容往前推移平稳而合理。

还有一个强烈的感受，就是所选的案例那么真实，来自于教学一线，用理论分析教学一线现象，服务于教学一线，我想这也是您同学写这本书的初衷吧！没有晦涩难懂，毕竟在一线中像您同学这样读到博士的老师寥寥无几。想想自己也是师范生，非常佩服您的同学的学习劲头和出书的举动，顿时感觉自己与她的差距不是一点半点，那是十万八千里。正所谓三人行，必有我师焉。

我静心反思，有没有不懂的地方？仔细想想，于我而言，还是理论那一块让我感觉稍显深奥，我的看法是理论支撑必须得有，但忌长篇大论，点出现象的本质即可。

另外有几处商榷之处，我截图圈出来，请直接看图吧！”

虽然和这位老师未曾谋面，但她的意见及建议坚定了我的写作思路，带给我很多信心。此书出版后，我一定要寄给她一本，以表达我由衷地感谢之情。

（4）我还要特别感谢在生活、工作中给予我关爱、支持和帮助的老师、亲人、朋友和同事。

首先，非常感谢上游学校这个改革平台。写作本书的缘起以及书中很多的故事，来自上游学校。从2016年加盟上游学校至今，每天10多个小时的忘我工作，促使我在管理、教学、教研等方面较之从前有了长足的进步。我觉得，自己的前半生45年的努力，似乎都是为了到上游搏击而在做准备。在参观吴忠黄河楼时，我发现：我出生在黄河的下游山东济南，成长在黄河的中游河南郑州，如今奋斗在黄河的上游——宁夏银川。逆流而上到上游，似乎是我的生命路径。

上游学校是全面、全员改革的地方，很多事情都极富挑战性。我喜欢挑战，不喜欢重复尤其厌恶缺乏创造性的行动。生命极其短暂，无谓的重复就是在浪费生命。在上游学校，校长王力争极富创意又要求很高，时常逼迫我们不得不创新。工作中，他既是我的领导，更是我的师兄，我的事业伙伴。尽管有时因理解差异、判断不同等观念与观点的分歧，会引发我们的争执，但我们都清楚，根本目的是为了更好地发展。从2016年至今，他是我思想碰撞上密集度最高、持续时间最久的师友。在思维深刻性、严谨性上，在决策的前瞻性与全面性上，在处理问题的艺术性及情绪稳定性上，我都不如他，能与这么优秀的人共事，成长必然提速。为此，我特别感谢他辞职，创办上游学校；也特别钦佩他，为了教育理想，敢于付诸行动的勇气和魄力。上游学校很多老师追随他，感谢他，是他给我们提供了一个快速发展的平台。同时，我还特别感谢他对我的高度信任、用心指导和无私帮助。

由此，我也特别感谢我的博士导师、长江学者王鉴教授，每当在上游学校遇到困难，我都会向他求助。很佩服王教授，常常三言两语就点出了症结所在，令我豁然开朗。我觉得自己很幸运，一直有导师指点，还有同门的支持。他们是我在上游以及上游学校推进改革、实现超越发展的支持系统！

其次，非常感谢两位老先生，94岁的胡德海先生和87岁的张梅玲先生。在西北师范大学读博士时，胡先生教我们教育学原理；在中科院心理所读书时，张老师教我们教育心理学。这次请他们为本书作序，两位老先生都要求我寄过去纸质版的书稿，看过之后才写了序言。他们这种治学严谨的做法值得我终生学习！

最后，感谢我的家人，特别感谢我爱人——中原工学院传媒学院的杨骅骁。我们从1993年相识、相恋到1995年结婚，28年来，他始终包容我的各种想法，支持、指导我求学，甚至辞职也是他鼓励我。他希望我能打通整个基础教育领域，让我研究的教学艺术能在中小学都发挥作用。边工作，边读书，我坚持了很多年，他也支持了我很多年。2016年，我博士毕业后辞职创业，不仅离开郑州走进了银川，而且工作节奏更快，事情更多。所以一直以来，工作、学业几乎占据了我全部的时间，很多事都得他打理。在我实现梦想的过程中，没有我爱人的支持，很多想法都难以实现。

当然，我还要特别感谢2020年端午节那天已离世的婆婆——别翠娥。婆婆是名退休的中学语文教师。从我们结婚起，婆婆就承担了家里的大事小情，尤其是1999年，我女儿杨乐苡出生后，除了一岁四个月前，是我娘家妈和婆婆每人一天轮流带孩子外，之后一直都是我婆婆帮我带孩子，直到孩子上高中。

此外，真诚感谢弟弟刘希明、弟媳侯会玲和侄子刘成麟。弟弟一家和我父母住在一起，2005年5月，我母亲突发心梗离开了我们。1942年出生的父亲，一天天衰老，我辞职前，还能时常回家陪伴老人。我辞职后，父亲就一直由弟弟他们照顾。父亲身体健康，是我祈求上苍保佑的事情。父亲给了我坚毅的性格、良好的习惯和强烈的事业心。让父亲以我为骄傲，既是我的动力源，也是我的奋斗目标。还有我的女儿杨乐苡，她2017年考入南开大学文学系国画专业，2021年毕业。首次备考中国美术学院硕士山水专业，看到了差距，她没有选择调剂，决定再考。衷心祝愿她能早日考进心仪的院校，继续学业。与学业相比，我更希望她健康快乐，创造属于自己的幸福的生活！

有太多的需要感谢的人未曾提及，有太多需要感谢的话没有说出……

我希望，把自己最真挚的感谢之情通过不一样的付出，不一样的行动，在点滴中流露；

我希望，把一个个承载着具体行动的鲜活故事，和不懈学习得到的知识融合后输出，以此表达自己的感恩之心。

真诚祝福身边的、远方的亲人、朋友、同事，平安健康，如意快乐！

真诚祝福现在的、未来的读者，身体健康，阖家幸福，万事如意！

爱你们的刘历红

初稿：2021年3月6日

定稿：2021年9月12日

轻工好书

《中年心态》

ISBN 978-7-5184-3608-8

人生的意义是大家共同关心的问题，但是中年的意义是什么呢？在但丁、蒙田、波伏娃、歌德和贝克特等杰出作家的帮助下，这本书试图去回答这个问题。它援引个人的方法来处理一个所有人身上普遍发生的过程——衰老，内容旁征博引，引人入胜。从古人到现代人，从诗人到剧作家，创作者们一直在思考，当我们步入中年时，要如何保持创造力。

定价：68.00元

《中年好友苏东坡》

ISBN 978-7-5184-3710-8

本书通过16封书信和16个药方解读，告诉我们，苏东坡是人到中年的药也是中年人的好朋友，在养生、理财、心态、职场、创业等方面，学苏东坡用活泼的灵魂反内卷并盘活自己、交代自己、安顿自己、治愈自己。语言轻松活泼，不古板说教，同时结合当下中年人的生存、生活现状，又有哲理启发和实用建议，既让人了解了一个全新的又生动有趣的苏东坡，也结合自身引发共鸣得到启迪。本书是一部独特的东坡评传，又是一部个人的自我救赎方案。

定价：48.00元

《立刻行动：让自己优秀的习惯》

ISBN 978-7-5184-3623-1

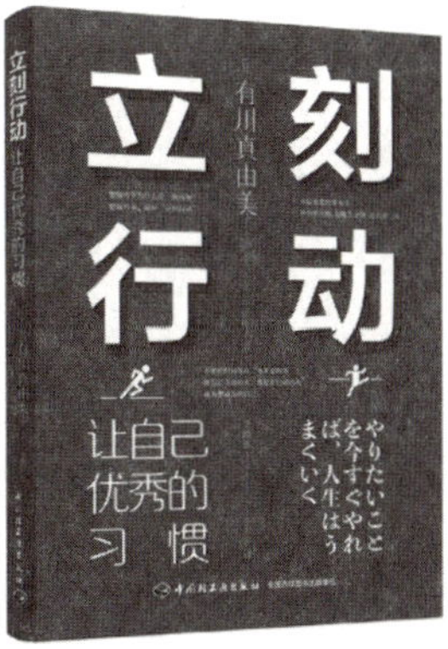

本书告诉我们：想做的事情，立刻行动！这是让自己优秀的重要习惯。有川真由美，无论在中国还是在日本，都是超高人气的作家。她是一个不折不扣的“斜杠青年”。她实现了许多自己想做的事情，经历着很多年轻人羡慕的生活，活成了自己想要的样子。

想做的事，要立刻行动。不要为不重要的事浪费时间，慢慢你会发现，你变成了自己想要的样子。如果想到一个小改变，只需要从行为入手。如果希望看到质的变化，需要改变一个人的思维和习惯！本书将是你优秀的起点。